시사어휘사전

시사어휘사전

초판 1쇄 발행	2012년 10월 30일
초판 2쇄 발행	2014년 7월 22일
지은이	이상실
펴낸이	한승수
펴낸곳	문예춘추사
편집부	고은정, 이다연
마케팅부	심지훈
디자인부	선은실
일러스트	김영진
디자인	래빗북스
등록번호	제300-1994-16
등록일자	1994. 1. 24
주소	서울특별시 마포구 연남동 565-15 지남빌딩 309호
전화	02) 338-0084
팩스	02) 338-0087
블로그	moonchusa.blog.me
E-mail	moonchusa@naver.com
ISBN	978-89-7604-094-7 14700
	978-89-7604-093-0 14700 (세트)

*책값은 뒤표지에 있습니다

Victory 지식사전 ①

청소년을 위한 이야기

시사 어휘사전

이상실 지음

문예춘추사

책을 펴내며

'아는 것'의 힘, 진정한 청춘의 맷집을 길러라!

〈첫째 어휘군〉 우리가 꼭 알아야 할 경제 이야기

〈첫째 어휘군〉 '나'를 살리는 경제, '내'가 살리는 경제

〈셋째 어휘군〉 그 무엇도 정치적이지 않은 것은 없다

〈넷째 어휘군〉 뜨겁고 어둡고 명랑한 우리들 사회

〈다섯째 어휘군〉 세상을 이해하는 포용의 가치 코드

'아는 것'의 힘,
진정한 청춘의 맷집을 길러라!

"은행가란 햇빛이 쨍쨍할 때는 비올 때를 대비하라며 우산을 빌려주지만, 비가 오기 시작하면 바로 돌려받길 원하는 사람이다."

이것은 미국의 소설가이자 사회비평가 마크 트웨인의 직설. 이렇듯 통찰력 있는 시선은 세상을 제대로 꿰뚫어 자신의 삶 속에서 맞닥뜨리는 온갖 위기와 시련에 때론 적당히 응수하고 때론 완강히 거부하며 때론 성실히 상대하는 삶을 살아가게 한다. 문제는 나만의 시선, 즉 삶의 지혜다. 실로 진부하기 이를 데 없는 말이지만, 인간은 지혜로운 만큼 행복해진다.

최근 서울시교육청이 발표한 '창의적 계발을 위한 평가 개선 기본 계획'을 보면 무엇보다 '서술형 평가 문항 확대'가 핵심 추진 과제인 것을 알 수 있는데, 앞으로 수능·논술 시험뿐만 아니라 학생들이 치러야 하는 모든 학교 시험에서 서술형 평가 문항은 끝없이 높아질 전망이다. 그렇다면 이제 청소년들에게 필요한 능력은 '논리적이고 창의적으로 사고하기' '나만의 생각을 핵심을 갖고 정확히 표현하기'일 것이다. 이제 남보다 앞선 '나'가 되려면 논리적이고 창의적인 나의 생각을 정확하게 표현해내는 일이 관건일 텐데, 그 관건을 내 손 안에 쥐는 지극히 기초적인 작업이 바로 어휘력 쌓기라 할 수 있다.

이 책은 〈어휘 시리즈〉의 첫 번째 책으로 '시사어휘'를 다룬다. 아마도 가장 현실적인 어휘들로 포진한 셈인데, 이것들은 실제 우리들 삶의 피부를 감싸고 있는 어휘들이다.

첫째 〈우리가 꼭 알아야 할 경제 이야기〉, 둘째 〈'나'를 살리는 경제, '내'가 살리는 경제〉 편에서는 '이익을 좇는 숙명에 처한' 경제 관련 용어들을 살폈고, 셋째 〈그 무엇도 정치적이지 않은 것은 없다〉 편에서는 지극히 정치적인 우리 현실 속 정치 용어들을 살폈다. 사실상 우리가 지금 정치에 관심을 갖지 않는다면 세상은 지금보다 더욱더 나쁜 방향으로 흐를 것이다. 신자유주의 사회에서 태생적 조건이 우월한 '엄친아'들은 저절로 빛이 나지만, 모두가 함께 빛나야 할 대부분의 청춘은 그 사회 속에서 스스로를 '잉여'로 귀착시키고 있는 것이 지금 오늘의 모습인데, 사실상 소외된 잉여들의 정당방위는 정치적 관심으로 촉발될 수밖에 없는 것 아니겠는가.

그리고 넷째 〈뜨겁고 어둡고 명랑한 우리들 사회〉 편에서는 사회적 의제를 형성한 온갖 가지 용어들을 살폈고, 다섯째 〈세상을 이해하는 포용의 가치 코드〉 편에서는 그밖의 '여분(?)'의 시사 지식 용어들을 배치했다. 전반적으로 짤막한 용어 해설이지만, 왜 이 용어가 이 책 안에 들어 있는 것일까를 생각하면서 모든 용어들을 차근차근 이해하다보면, 진정 아는 것이 힘이구나 하는 것을 깨닫게 될 것이다. 더불어 온전한 지식은 차가운 냉소보다는 '따뜻한 성찰'을 통해서 축적된다는 사실 또한.

모두가 우리들 삶을 직접적으로 관통하는 이 '시사어휘'들을 통해서 가능한 시험점수도 올릴 수 있다면 너무 좋은 일이겠고, 그와 함께 진정한 '아는 것'의 힘을 길러 여러분 청춘의 맷집이 보다 단단해진다면 그보다 더 좋은 일은 없겠다.

이상실

우리가 꼭 알아야 할 경제 이야기

한미
FTA

> 경제에 관한 한 다수의 의견은 언제나 틀리게 마련이다.

존 갤브레이스

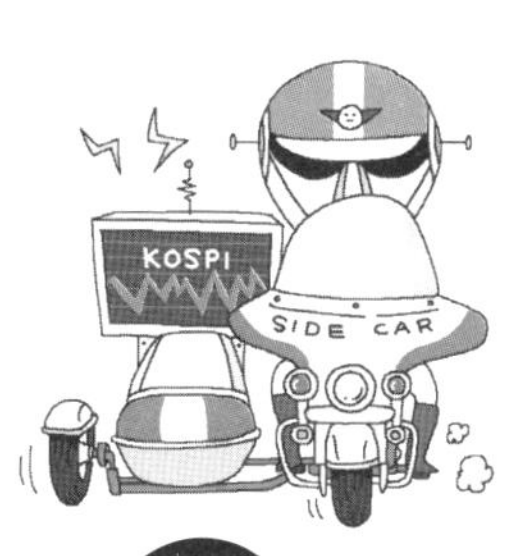

사이드카

웹 3.0

인간 두뇌처럼 생각하는 인터넷

"인터넷의 진화 속도는 뇌보다 훨씬 빠르다. 현생 인류의 뇌 용량은 1500cc로 원시 인류(450cc)의 3배 이상이지만 뇌가 이렇게 커지기까지 수백만 년이 걸린 반면 인터넷은 10년 동안 연평균 850%씩 성장해왔다."《구글 이후의 세계》의 저자 제프리 스티벨의 말이다. 그는 인터넷을 인간 뇌에 비유하며 5~10년 후엔 '생각하는 인터넷'이 등장할 것으로 내다봤다. 웹 2.0보다 진화한 웹 3.0 시대가 열린다는 것.

그럼 차례로 살펴보자. 웹 1.0이란? 현재 우리가 사용하고 있는 인터넷 서비스다. 필요한 정보를 얻기 위해 여기저기 홈페이지에 접속하는 것이 바로 웹 1.0의 풍경. 그렇다면 웹 2.0이란? 데이터의 소유자나 독점자 없이 누구나 손쉽게 데이터를 생산하고 인터넷에서 공유할 수 있도록 한 사용자 참여 중심의 인터넷 환경을 뜻한다.

인터넷상에서 정보를 모아 보여주기만 하는 웹 1.0에 비해 웹 2.0은 사용자가 직접 데이터를 다룰 수 있도록 데이터를 제공하는 플랫

|첫째 어휘군|
우리가 꼭 알아야 할 경제 이야기

폼이 정보를 더 쉽게 공유하고 서비스 받을 수 있도록 만들어져 있다. 블로그, 위키피디아, 딜리셔스 등이 이에 속한다.

웹 2.0은 기술 용어가 아니라 웹이 곧 플랫폼이라는 의미로, 인터넷만 있다면 누구라도 자유로운 표현을 통해 콘텐츠를 만들어낼 수 있다. 2006년 〈타임〉지가 선정한 올해의 인물 '유(You)'는 바로 세계적인 트렌드로 인정받은 UCC(User Created Content)로서, 이것은 웹 2.0의 대표작으로 꼽힌다.

그리고 웹 3.0이란? 한마디로 인간 두뇌처럼 똑똑한 웹으로 아직 개발단계에 있는 미래인터넷환경이다. 웹의 정보를 스스로 조합해 추론하는 인터넷. 이때가 되면 인터넷이 사용자에게 최적의 여행지를 추천해주고 휴가기간에 읽을 책과 어울리는 옷 등을 알아서 챙겨줄 것이다. 또 기업은 고객이 본 광고나 이미 구매한 제품을 바탕으로 그의 성향을 분석해 맞춤형 정보를 제공할 수도 있을 것. 누구라도 원하면 똑똑한 비서를 갖게 되는 것이다.

😊 **한 가지 더**

참여자 모두가 편집권을 갖고, 누구나 내용 수정이 가능하며, 매일매일 업데이트되는 '살아 있는 백과사전' 위키피디아는 집단지성의 대표 사례.

피도 눈물도 없는 승자독식 자본주의

현대판 자본주의는 돈 놓고 돈 먹기 식의 도박판과 유사하다고 해서 붙은 별칭이 카지노자본주의. 자본주의에 대한 가장 신랄한 비판, 날선 질타의 표현인 이 말은 영국의 경제학자 수전 스트레인지가 사용한 용어로서, 투기자본이 세계경제를 교란시키는 것을 도박판에 빗대 표현한 것이다.

정보통신기술의 발달로 국제 금융시장이 통합되면서 나타나는 자본주의의 부정적 측면을 가리키는 카지노자본주의는 흡사 자본주의가 청룡열차를 탄 듯 걷잡을 수 없이 미친 질주를 벌이고 있다는 이야기인데, 자본주의는 왜 이렇게 미쳐가는 것이고 이런 미친 카지노자본주의 사회에서 '나'는 어떤 영향을 받게 되는 것일까?

워낙이 자본주의란 '부(富)'에 대한 인간 욕망을 부추기고 제도화시킨 시스템으로 인간 욕망이 '더 이상의 부', '더 많은 부'를 향해 끊임없이 나아가는 것을 멈추지 않는 한 결국 낭떠러지를 향해 치달을 수밖에 없다. 컨트롤되지 않은 욕망이 문제인 것. 수전 스트레인지에 따르면 이런 카지노자본주의 사회에서 결국 우리들 모두는 비자발적인 노름꾼이 된다. "입장과 퇴장이 자유로운 통상의 카지노와 대규모 거래가 이루어지는 세계적 카지노의 차이는, 후자에서는 우리들 전부가 매일의 생활 속에서 비자발적으로 그 판에 끼어들 수밖에 없다는 것"이다.

국경을 초월해 움직이는 자본이 투기적 광기를 드러낸 것은 이미 오래전의 일로, 국제 금융계에서 투기의 귀재로 불리는 조지 소로스가 1992년 영국 파운드화를 공격해 한 달 만에 10억 달러의 차익을 챙긴 사건은 카지노자본주의의 절정을 보여주는 사건으로 유명하다. 세계화의 첨병 역할을 하는 금융이 '머니게임'에만 빠져 있는 것이 오늘날의 현실인 것.

국경 없이 넘나드는 자본의 흐름은 앞으로도 더욱 거세질 테고, 카지노자본주의도 더욱 기승을 부릴 텐데, 그렇다면 카지노자본주의의 미래는 어떻게 되는 걸까? 바야흐로 '상도(□□)'를 깨친 이들이 하나둘 나서 비자발적 노름꾼에서 자발적 감시자로 자신의 역할을 바꿔야만 하는 것이다.

선거인단 선거로 치르는 미국 대통령 선거는 승자독식게임. 더 많은 득표를 하고도 선거인단 수에서 뒤지면 눈물을 머금고 패배할 수밖에.

굴러온 돌이 박힌 돌 빼내는 황당무계함

흔히 "악화(□□)는 양화(□□)를 구축(□□)한다(Bad money drives out good)"는 말로 표현되는 그레섬의 법칙. 이는 16세기 영국의 재무관 토머스 그레섬이 제창한 화폐유통에 관한 법칙이다. 그럼 여기서 악화는 무엇이고 양화는 무엇일까?

근대 이전 유럽에서는 정부가 고의로 저질 화폐, 즉 악화를 유통시키는 일이 다반사였다. 어려운 국가 재정을 타개하기 위해 금화나 은화에 구리 등 다른 금속을 섞어 유통시킨 것인데, 그러자 진짜 화폐 즉 양화는 사람들이 소중히 여겨 사용하지 않아 금고 속에만 보관되고 이런 악화만 유통되는 현상이 나타났으니, 결국 악화가 양화를 쫓아낸 셈이 된 것. 이것이 그레섬의 법칙이다. 이로써 시장에는 가짜 금화만 판치게 되는바 결국 화폐 신뢰가 무너지고 경제는 망하게 될 것이니, 이것이 그레섬 법칙이 경고한 위험성이다.

물론 지금은 그레섬이 살던 시대와 달리 금은화 화폐가 아닌 신용카드, 수표 등 신용화폐와 사이버머니가 대세를 이루고 있어 이 법칙은 단지 역사적 사실만을 지니고 있을 따름이지만, '나쁜 것이 좋은 것을 쫓아낸다'는 역설의 법칙은 경제학이 아닌 다른 모든 분야에서 여전히 맹활약중이다. 예를 들어 정품 소프트웨어보다 복사본이 더욱 잘나가거나 허황한 공약을 남발하는 정치꾼이 소박하고 실현 가능한 공약을 토로하는 정치가보다 인기가 많은 등 우리 주변엔 가짜가 진짜보다 더욱 왕성한 활동을 벌이는 경우가 얼마나 많은가?

그런데 사실상 그레셤 법칙은 토머스 그레셤 이전에 지동설을 주장한 천문학자 코페르니쿠스가 먼저 주장했다고 한다. 코페르니쿠스는 일찌감치 자신의 저서에서 "저질 주화가 유통되면 금 세공업자들은 양질의 옛 주화에서 금과 은을 녹여내 무지한 대중에게 팔 것이다. 새 열등 주화가 옛 양화들을 몰아내기 위해 도입된다"고 했던 것. 그래서 동유럽에서는 그레셤의 법칙을 '코페르니쿠스의 법칙'이라 부른다는데. 그렇다면 그레셤의 법칙에도 그레셤의 법칙이 적용되는 것인가?

인터넷 여론에 보이는 그레셤의 법칙은 섬뜩하다. 집단적 획일성, 폭력성으로 다수의 사악한 여론이 공정한 여론을 몰아내기도 하지 않던가.

자유무역에는 자유가 없다?

자유무역에는 자유라는 말이 들어 있다. 그런데 과연 누가 자유로운 걸까? 물론 무역 당사자 모두다. 자유무역은 국가 간 무역에서 관세를 크게 줄이거나 아예 없앰으로써 더 많은 종류의 상품들을 더욱 싸게 서로 사고팔 수 있도록 하는 무역형태를 말한다. 전통적으로 국가 간에는 관세 등의 다양한 제약 탓에 상품이 국경을 넘는 것이 자유롭지 못했는데, 그러한 제약들을 없애거나 최소화해서 다른 나라와도 마치 한 나라 안에서 물건을 사고파는 것처럼 자유롭게 하자는 것이다.

각국이 서로의 이익증대를 위한 가격인상 등의 불공정한 무역거래만 하지 않는다면 자유무역 체제는 각국의 특정자원 및 노동숙련도를 이용해 세계경제 전체의 생산량을 증대시켜 궁극적으로 전 세계의 효용증대를 이룰 수 있다. 그런데 현재 이러한 자유무역에서의 자유가 모두를 위한 자유가 되기는 어려운 일인 듯.

《부자나라는 어떻게 부자가 되었고 가난한 나라는 왜 여전히 가난한가》라는 책에서 저자 에릭 라인트는 이러한 자유무역을 강조해온 신고전학파의 주장을 정면으로 비판한다. '현재 세계 경제질서의 중심인 자유무역'은 부자나라에 이익을 주고 가난한 나라를 더욱 가난하게 만들 뿐이라는 것. 이로써 현재의 주류 경제학은 무역 거래를 통한 발전에만 신경을 쓰고 기술이나 혁신에 의한 진정한 진보에는 소홀하다는 것이다.

사실상 모든 나라는 대등한 환경이 아니기에 각국은 자신들의 사회적, 윤리적, 생태적 기준을 지키는 보호주의 무역을 해야 한다고 주장하는 것이 자유무역 반대 입장이다. 이때의 보호무역이란? 자국의 산업을 보호하기 위해 국제무역에 정부가 개입하는 무역제도를 말한다. 교역되는 상품에 대해 관세, 특별소비세와 같은 세금을 부과해 수입품 가격을 올리거나 수입량을 제한하는 수입 할당제 또는 특정 품목의 수입을 제한하는 방법과 같은 비관세 장벽 등을 말한다. 하지만 이 또한 후진국의 경우 정보와 재화 부족 등을 통한 효용 감소로 국가경제 전반이 낙후되는 결과를 가져오기도.

결국 자유무역, 보호무역 중 무엇이 옳고 그른가 따질 게 아니라 무엇이 우리들 삶의 질을 높이는가를 촘촘히 살펴야만 하는 것.

😊 **한 가지 더**

제값 아닌 '반값'을 겨냥한 공동구매의 유혹

바야흐로 제값 내고 상품을 구매하면 사기당한 듯 억울한 세상이 왔다. 인터넷을 열면 반값 할인, 반값 사이트, 반값 쿠폰, 공동구매 등이 성행하고 있는 것. 소셜커머스란 한마디로 이런 반값 할인 서비스들을 총칭한다. 페이스북, 트위터 등의 소셜 네트워크 서비스(SNS)를 통해 이루어지는 전자상거래의 일종으로, 일정 수 이상 구매자가 모일 경우 파격적인 할인가로 상품을 제공하는 판매방식을 일컫는 소셜커머스. 이는 소셜쇼핑이라고도 하는데, 상품 구매를 원하는 사람들이 할인을 성사시키기 위해 공동구매자를 모으는 과정에서 주로 소셜 네트워크 서비스를 이용하기 때문에 이런 이름이 붙었다.

즉 이런 상거래에서는 각 상품마다 목표인원이 정해져 있어 그 인원을 충족시키지 못할 경우 구매가 자동적으로 취소 처리되기에 자신이 할인혜택을 받기 위해서는 다른 사람들에게 많이 알려 구매를 유도해야 하기 때문에 자연스럽게 마케팅이 된다. 판매자는 이를 통해 자신의 상품을 홍보할 기회를 갖게 되고 광고주 역시 판매자에게 수수료를 얻게 되므로 소셜커머스는 결국 판매자와 이용자, 그리고 광고주 모두가 윈윈할 수 있는 좋은 전략일 수도 있다.

그런데 소셜쇼핑에서 판매하는 반값 상품은 싸기만 한 상품일까, 진짜 좋은 상품일까? 애초에 가격거품이 있었던 상품은 반값으로도 이윤이 남을 수 있지만 나름 양심가격으로 판매하던 업체는 파는 만큼 손실이 발생한다. 그리고 사실상의 홍보효과도 떨어져 '반값'에 집착하는 소비자들은 정상가에 그 상품을 다시 찾지 않는 경우가 많다. 그렇다면 양심가격 판매자는 결국 자신도 손해 보지 않기 위해 싸구려 재료를 사용하거나, 이익 폭이 큰 다른 상품으로 바꾸어 '반값'을 내걸을 수도 있는 것.

결국 좋은 반값 상품은 사라지고 나쁜 반값 상품만 남게 된다면? '반값'의 마술이 '악화가 양화를 구축한다'는 그레셤의 법칙을 불러들일 수도 있다는 것이다.

😊 한 가지 더

'밴드왜건효과'란? 선두에서 행렬을 이끄는 악대차 밴드왜건을 보고 호기심 때문에 따라가는 심리처럼 사람들이 무언가를 많이 사면 덩달아 사게 되는 현상.

증시 안정을 위한 보이지 않는 경찰

사이드카란 경찰 과속단속반이 타고 다니는 오토바이. 증권시장에도 이런 사이드카가 있어 과속하는 주가를 바로잡는 역할을 한다. 사실상 주식시장은 사람들 심리에 따라 움직이는 공간으로, 시장이 폭락하기 시작하면 공포에 휩싸인 투자자들은 어찌할 줄 몰라 주식을 팔아치우는데.

증시에서 미래 가격을 의미하는 선물지수가 급락할 경우 이로 인해 일어날 현물 시장의 혼란을 미리 방지하기 위해 사이드카를 발동함으로써 프로그램 매매호가의 효력을 일시 정지시키는 것이다. 그러면 급격한 등락을 보이던 증시는 숨고르기에 들어가고 잠시 진정되는 것. 그럼 사이드카는 누가 움직이는가? 발동 주체는 유가증권시장에서는 한국증권선물거래소 유가증권시장 본부, 코스닥시장에서는 한국증권선물거래소 코스닥시장 본부가 된다.

구체적으로, 가장 많이 거래되는 선물 가격이 전일 종가 대비 5% 이상 상승하거나 하락해 1분간 계속될 때 사이드카는 발동되는데,

[첫째 어휘군]
우리가 꼭 알아야 할 경제 이야기

발동되면 5분간 주식 시장 프로그램 매매호가의 효력이 정지된다. 5분이 지나면 자동적으로 사이드카는 해제되고 매매체결은 다시 정상적으로 이뤄진다. 이것은 주식시장 매매거래 종료 40분 전 이후에는 발동불가하고 하루 단 한 차례만 사용할 수 있다.

사이드카보다 더 강한 처방은 서킷브레이커. 서킷브레이커는 전기회로에서 과부하가 걸릴 때 자동으로 회로를 정지시키는 장치다. 주택마다 있는 일명 두꺼비집이 그것. 그러니까 주가가 급등락하면 마치 회로차단기처럼 작동해 주식매매를 일시에 정지시켜버린다. 사이드카가 선물이 현물에 영향을 미치기 전에 차단하는 예방적 성격이 짙다면, 서킷브레이커는 증시 급변에 대응하기 위한 사후처방인 셈. 일단 서킷브레이커가 발동되면 모든 거래가 중단된다는 점에서 이는 매매 주문 중 프로그램 매매에만 영향을 미치는 사이드카보다 범위가 넓다. 서킷브레이커는 주식시장 안정을 위한 최후의 보루인 셈.

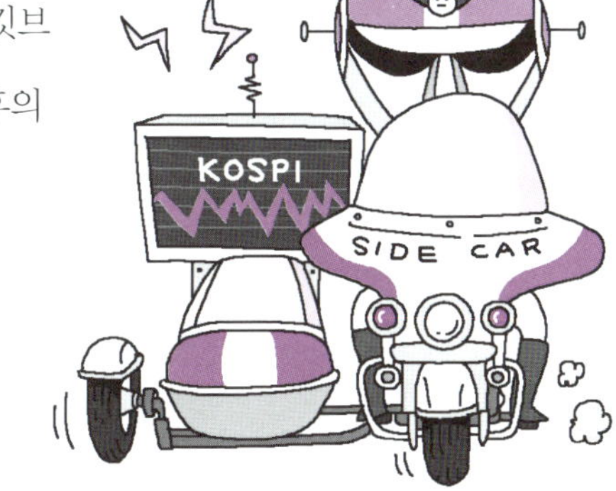

 **한 가지 더**

상품거래는 크게 '현물'과 '선물'로 나뉜다. 현물거래는 실제 눈앞에 존재하는 상품을 사고파는 것. 선물거래는 앞으로 존재할 상품을 현재에 미리 사고파는 것.

모두의 것은 누구의 것도 아닌 것?

어획량이 일정한 한 바닷가 마을에서 어부들이 경쟁적으로 물고기를 모두 잡아들이면 어느 순간엔 물고기가 고갈되어 모두에게 곤란한 상황이 닥칠 것이다. 따라서 고기 잡는 양을 조금씩 제한해야 하는데 이건 참으로 어려운 일. 만약 고기 잡는 시간을 제한한다면? 어부인 나는 어떻게 해서든 남보다 조금이라도 많은 시간을 잡으려 애쓸 것이다. 아마도 모두가 떠난 뒤 숨어 있다가 나와서 잡으려 할지도 모른다. 남들은 조금씩 잡고 나만 많이 잡으려는 욕심을 떨칠 수 없는 것. 하지만 나만 그럴까? 다른 사람도 같을 것이다. 여기서 생기는 문제가 바로 '공유지의 비극'이다. 그러니까 이것은 사적 이익을 추구하는 시장에서 개인의 욕심으로 공공자원인 공유지는 결국 망가질 수밖에 없다는 개념이다.

이러한 공유지의 비극은 1968년 〈사이언스〉 잡지에 실린 개릿 하딘의 논문에 등장한 용어다. 그는 만일 대표적 공유자원인 주인 없는 목초지의 경우 저마다 자유롭게 양들을 풀어놓고 풀을 뜯게 하면 결국 목초지는 초과 이용 탓에 황무지로 변하게 될 것이라 예시하며 이러한 비극적 개념을 만들어냈다. 그리고 그 해결방안으로 인구증가를 억제하고 공해세를 부과하는 해법을 제시했다. 공동체의 공공자원을 시장 자율에 맡겨둘 경우 인간의 이기심 때문에 일찌감치 고갈되어 그것이 시장실패 원인이 될 수 있으니 정부의 제도적 관여가 필요하다는 것.

사실상 공유지의 비극을 뼈아프게 드러내는 인류 최대 문제는 지구온난화다. 각국 지도자들이 갑론을박 머리를 싸매며 대책을 내놓지 않고 저마다 각국의 이익만을 추구한다면 지구의 미래는 그야말로 암울한 것이다.

이에 대해 1991년 노벨경제학상을 받은 영국의 경제학자 로널드 코스는 공유지에 명확한 재산권이 부여되면 소유자가 이 문제를 해결한다는 '코스의 정리'를 발표한 바 있다. 하지만 공공의 재산을 모두 특정 개인이나 단체 소유로 할 수는 없는 것. 그리고 실제 이런 공유지의 비극은 우리 사회에서 크게 일어나지 않는다. 어찌 나 혼자 잘살겠다고 모두를 죽일 만큼 인간이 그렇게 어리석겠는가 말이다.

한 가지 더

지각방지를 위해 벌금제를 도입한 학교에서 지각생이 더 늘어나는 이유는? 그전엔 지각생이 죄의식을 느꼈지만, 벌금제 이후엔 '돈만 내면 끝'이기에.

결코 사소할 수 없는 다수의 힘

'전 세계 부자 20%가 전체 부의 80%를 가지고 있다', '성공한 사람 20%가 성공하지 못한 80%를 책임진다', '어떤 회사 제품 20%는 전체 매출의 80%를 차지한다.' 이것이 이탈리아 경제학자 파레토가 발견한 파레토법칙. 전체 결과의 80%가 전체 원인의 20%에서 일어나는 현상을 가리키는 '80대 20' 법칙이다. 이와 반대되는 것이 롱테일법칙이다. 80%의 비핵심 다수가 20%의 핵심 소수보다 더 뛰어난 가치를 창출한다는 이론이다.

많이 판매되는 상품들 순으로 그래프를 그리면 적게 팔리는 상품들은 선의 높이는 낮지만 긴 꼬리(Long Tail)처럼 길게 이어진다. 이 긴꼬리에 해당하는 상품들을 합치면 많이 팔리는 상품들을 압도한다는 뜻에서 지어졌다. 인터넷 기반 서점 아마존닷컴이 책목록 진열이 무한한 인터넷에서 잘 팔리는 책 20%보다 한두 권씩 적게 팔리는 책 80%의 매출이 훨씬 높다는 것에서 착안해 만든 법칙이다. 구글은 전체 20%에 해당하는 우량기업이 아닌 영세 꽃배달업체, 제과

점 같은 광고주들을 모아 엄청난 이익을 올리는 등 그동안 무시해왔던 사소한 80%가 우량의 20%를 앞서고 있음을 발견하기도 했다.

이제껏 경제법칙에서 핵심 20%가 80%의 수익을 낸다는 파레토법칙이 황금률처럼 여겨지던 시절이 있었지만 현재 웹 2.0 시대에는 80%의 사소한 다수가 20%의 핵심 소수보다 뛰어난 가치를 창출함을 바라보게 된 것이다.

사실 롱테일법칙과 파레토법칙은 완전히 거꾸로 된 이야기는 아니다. 롱테일법칙은 파레토법칙의 현상을 현대적으로 재해석한 것일 수도. 그러니까 더 이상 효율성을 대표하는 20%가 중요하지 않아졌다는 게 아니라 그동안 사소한 다수로 치부되었던 80%가 새삼스럽게 주목받게 된 현상을 나타낸 것일 뿐이다.

아무튼 바야흐로 이제는 효율성을 중심으로 집중했던 핵심 20%뿐 아니라 사소한 80%에도 관심을 기울여야 할 때다. 핵심 20%에 속하지 않는다는 이유로 소외되고 괄시받던 모든 것들의 가치가 빛을 보기 시작했으니, '크게 한방'을 외치기보다는 '작은 힘의 연대'를 꿈꿀지어다.

😊 **한 가지 더**

'스놉효과'란? 특정 제품에 대한 소비가 증가하면 그 제품의 수요가 줄어드는 현상. 속물현상이라고도.

얻는 게 있으면 잃는 것도 있는 법

인생이란 수많은 가능성들의 연속인즉 우리는 하루하루 많은 것들을 선택하면서 살아간다. 여러 가능성이 있는데 그중 하나를 선택했을 때 그 선택으로 인해 포기해야 하는 것 중 가장 좋은 것의 가치가 바로 기회비용. 예를 들어 1년 동안 포도를 재배하면 수익이 3500만 원, 사과를 재배하면 4000만 원, 배를 재배하면 5000만 원이라 했을 때, 내가 배를 재배하기로 결정했다면 이때 나의 기회비용은 얼마일까? 바로 4000만 원이다. 기회비용은 포기한 대안들 중 가장 좋은 것의 가치다.

한정된 자원으로 생산활동이나 소비활동을 하는 경제생활에서 경제활동은 다른 경제활동을 할 수 있는 기회의 희생으로 이루어진다. 예컨대 자금이 한정되어 있을 때 핵무기를 만드는 것은 학교를 짓는 기회의 희생이라고 볼 수 있다. 즉 기회비용의 관점에서는 어떤 경제활동의 비용은 그것을 위해 단념해야 하는 다른 경제활동의 양이다. 경제적 행위에서는 선택의 대가로 지불해야 하는 기회비용이 반드시 발생한다. 우리가 '공짜'라고 생각한 것도 정확히 따져보면 다른 여러 '공짜'를 포기하고 얻은 것. 공짜표로 영화를 보았다면 그 시간에 영화를 보지 않고 즐길 수 있었던 다른 것이 포기된 것이다. 따라서 경제학자들은 '공짜는 없다'고 말한다. 선택에는 반드시 대가가 따르고, 그 대가는 기회비용으로 측정되기에.

기회비용은 경제학을 이해하는 기본 개념이자 우리가 현실에서 늘 접하고 고민해야 하는 문제기도 하다. 예컨대 미국의 노벨경제학 수상자 조지프 스티글리츠에 따르면 부시 정권이 벌인 대이라크 전쟁의 기회비용은 1~2조 달러에 이르는 어마어마한 액수인데, 이 비용은 전쟁에 참여한 주 방위군과 예비군들이 포기한 경제활동 소득이나 2000명이 넘는 미군 사망자들의 가치를 '통계적 생명가치'로 계산한 것이다. 전쟁의 기회비용은 그야말로 삶의 질을 향상시킬 수 있는 다른 모든 기회의 박탈인바, 삶에서 가장 소중한 가치인 인간 생명은 돈으로 환산할 수 없는 것이기에, 아무리 합리적 전쟁이라 해도 전쟁의 기회비용은 무한비용일 수밖에 없지 않겠는가.

슈퍼에서 각기 6종류 잼과 24종류 잼을 진열하고 시식하게 했다. 어느 쪽 구매율이 높았을까? 답은 6종류 잼. 선택 폭이 너무 크면 혼란만 올 뿐.

세계경제질서,
'이 손 안에 있소이다!'

'돈'과 '자본'의 차이점은 뭘까? 돈은 단순히 소비될 뿐이지만 돈이 자본이 되면 그 자본은 자식을 낳는 황금알이 된다. 그리하여 돈이 돈을 벌게 되는 것. 그렇다면 돈이 있는 사람과 자본이 있는 사람은 어떻게 다를까? 세계 최고의 부자로 꼽히는 빌 게이츠의 전 재산은 약 460억 달러라고 하는데, 이 돈을 전 세계인에게 나눠준다면 한 사람당 대충 8600원 정도라고 한다. 이때 한 사람이 갖고 있는 8600원은 한 끼 식사값으로 소비되는 '돈'이지만 빌게이츠의 460억 달러는 세계를 뒤흔드는 영향력을 갖는 '자본'이 된다.

이 자본은 자식 생성, 즉 새끼를 가장 많이 칠 수 있는 곳으로 흘러가는 특성이 있고, 이에 따라 은행, 증권, 부동산 등으로 끊임없이 이동한다. 그런데 1997년 우리나라에는 새끼를 치기 위해 몰려왔던 외국의 금융자본이 일시에 빠져나가면서 지불불능상태에 빠져 국제통화기금으로부터 자금지원을 받은 바 있다. 당시 외환위기, 아이엠에프라는 말은 어린아이도 입에 담을 수 있는 흔한 말이 되었는데, 이 아이엠에프, 국제통화기금(International Monetary Fund)은 어떤 기구인가?

국제통화기금은 쏠림이 심한 국제금융시장, 세계무역 안정을 목적으로 1947년 3월에 설립된 국제금융기구다. 세계무역의 안정된 확대를 통해 회원국들의 소득 증가, 생산자원 개발 등에 기여하는 것을 목적으로 하며, 우리나라는 1955년 8월에 가입했다. GATT(현 WTO)와 함께 2차 세계대전 이후의 세계경제질서를 주도해온 IMF는 구조적인 국제수지 적자로 외환위기를 겪고 있는 나라에게 구제금융을 제공하는 기능을 수행하는데, 물론 무조건적인 선행은 아니다. 이로써 구제금융 수혜국의 경제주권은 크게 제약당하는바, 당시 우리나라는 자신의 문제를 스스로 해결할 능력이 없는 나라가 되어 경제주권을 IMF에 이양, 경제관리를 받았던 것이다. 그리하여 IMF가 시키는 대로 금융개혁정책을 펼쳐야만 했는데, 이들이 강요하는 정책이라는 것은 고금리와 긴축, 부실한 금융기관 및 기업의 퇴출, 시장의 완전개방 등이었다. 한마디로 영향력 있는 '자본'이 드나들기 좋은 환경을 구축한 것.

😊 **한 가지 더**

'유동성'이란? 기업 자산을 필요한 시기에 손실 없이 화폐로 바꿀 수 있는 안전성 정도를 나타내는 경제용어.

참으로 눈물 나는 국가 차원의 부도 선언

한 국가가 채무불이행 상태에 빠지거나 채무불이행 우려가 있는 경우 상대 국가에 대해 채무 지불을 일정기간 유예하는 것이 모라토리엄. 라틴어 'Morari'는 지체하다는 뜻. 우리말로 하면 채무지불유예가 된다.

기업이나 개인과 달리 국가가 파산이나 지불유예를 선언하는 것은 사실상 더욱 심각한 후유증을 낳는다. 통화가치가 급락하고 실물경제에도 심대한 타격을 미치는 것은 물론 국가신인도에도 장기간 부정적인 영향을 남기는 것. 때문에 어떤 나라든 모라토리엄은 가능한 최후의 카드로 여겨 사용에는 신중을 기하기 마련이다. 국제통화기금(IMF) 같은 국제금융기구는 이러한 국가부도 사태를 막는 데 큰 역할을 하는 게 사실.

그러나 최후의 카드를 써야만 하는 최후의 상황은 언젠가는 생기기 마련. 모라토리엄은 실제 사례로 종종 등장하는데, 가깝게는 '사막의 기적'을 일으켰던 두바이가 2009년 11월 모라토리엄을 선언해

두바이의 건설시장은 물론 관광산업에도 큰 타격을 입혔으며, 우리나라에선 성남시가 2010년 7월 지불유예를 선언해 관심을 집중시킨 바 있다.

국가 파산을 뜻하는 모라토리엄은 새로운 사회적 의미를 띠고 '모라토리엄 인간'을 만들어내기도 했는데, 모라토리엄 인간이란 사회적 자아를 확립하고 사회적 책무가 따르는 성인이 되기를 자꾸 미루는 사람을 가리킨다. 고학력 백수 중에는 어려운 경제상황과 맞물려 치열한 경쟁에 뛰어들기를 두려워하는 심리적 철부지들도 있는 것이다. '모라토리엄족'이라고 하면 사회진출을 미루기 위해 학교 졸업을 일부러 늦추는 학생들을 뜻하는 말로 휴학을 하거나 일부러 F학점을 맞아 사회진출을 미루는 경우가 이에 속한다.

비슷한 의미로는 '피터팬신드롬'이 있다. 이것은 동화 속 피터팬처럼 영원히 아이로 남아 어른들의 사회에 끼어들지 못하는 '어른아이'들의 심리적 상황을 표현한 것.

디폴트란? 만기가 도래한 채무의 원금과 이자를 갚지 못하는 채무불이행 상황. 모라토리엄이 국가부도라면 디폴트는 국가파산.

오늘의 지수를 알면 내일의 경기가 보인다

소비자신뢰지수란 미국의 민간 조사그룹인 컨퍼런스보드(Conference Board)가 매월 마지막 화요일 오전 10시에 발표하는 지수. 미국 내 5000가구를 대상으로 조사한 자료를 토대로 미국의 경제상태를 나타내는 경기선행지수의 하나다. 그럼 경기선행지수란? 가까운 장래의 경기동향을 예측하는 지표로 경기종합지수의 하나. 그럼 또 경기종합지수란? 현재 경기상태를 판단하거나 앞으로 경기가 어떻게 될지 예측하기 위한 대표 지표.

소비자신뢰지수는 미국의 통화정책을 결정할 때 통화 당국자들이 가장 관심을 두는 경제지표들 가운데 하나로, 현재의 지역경제 상황과 고용 상태, 6개월 후의 지역경제, 고용 및 가계 수입에 대한 전망 등을 조사해 발표한다. 처음 발표한 것이 1985년이었기에 이 지수를 계산할 때는 1985년 평균치를 100으로 기준해 비율로 표시한다. 발표하는 지수가 100을 넘으면 소비자들이 경기를 낙관적으로 보고 있다는 뜻.

소비자신뢰지수가 상승하면 발표 당일 주식시장에서는 다우존스 평균주가와 나스닥지수가 모두 상승해 긍정적인 영향을 미쳐 경기 둔화에 대한 우려가 적어지는 반면, 하락하면 그 반대로 경기침체에 대한 불안이 시작되는 것이다. 한국의 통계청에서도 1981년부터 현재와 비교해 6개월 후의 경기·생활형편·소비지출·내구소비재·외식·오락·문화 등에 대한 소비자들의 기대심리를 조사해 발표하는 소비자기대지수가 있는데, 이 또한 비슷한 것.

그리고 'BSI'라는 말을 들어봤을 텐데, 이것은 기업인들이 예측하는 경기동향으로 흔히 '기업경기실사지수'라고 한다. 이는 다른 경기관련 자료와 달리 실제 기업가의 주관적이고 심리적인 요소까지 조사가 가능하므로 경제정책을 입안하는 데 중요한 자료로 활용된다. 일반적으로 지수가 100 이상이면 경기가 좋은 것, 100 미만이면 경기가 안 좋은 것으로 판단한다.

한 가지 더

숫자에 가장 강한 나라는? 바로 인도. 디지털 문명을 가능하게 한 꿈의 수 '0'을 발견한 사람이 인도인이며 사실상 모든 숫자는 인도의 발명품이다. 인도는 세계에서 유일하게 구구단을 19단까지 가르치는 나라이기도.

일 년을 하루같이 요동치는 주식의 가치

매일같이 뉴스시간이면 어김없이 중계되는 증권 소식. 이때 늘 등장하는 용어가 코스피, 코스닥, 다우존스, 나스닥이다. 매일 지나치는 용어지만 관심 없으면 늘 외계언어처럼 들리는 이 말들은 모두, 일단은 주가지수를 뜻한다.

우선 코스피부터 알아보자. 코스피는 'Korea Composite Stock Price Index'의 머리글자로 '한국종합주가지수'를 가리킨다. 주가지수란 말 그대로 주가의 변화를 나타내는 수치인즉, 이는 유가증권시장본부(증권거래소)에 상장된 종목들의 주식 가격을 종합적으로 표시한 수치로서, 우리나라 주가 수준과 동향을 한눈에 알아볼 수 있는 대표 종합주가지수다. 따라서 이것은 시장전체의 주가 움직임을 측정하는 지표로 이용되며, 투자성과 측정, 다른 금융상품과의 수익률 비교척도, 경제상황 예측지표로도 이용된다.

그럼 코스닥은? 코스피가 국내에서 가장 오래된 증시이고 비교적 규모가 큰 기업들의 증권이 유통되는 증권시장인 반면 코스닥

(Korea Securities Dealers Automated Quotation)시장은 코스피시장보다 늦게 출범된 증시이며 주로 중소기업의 증권이 거래되는 것이 특징이다. 코스닥이 만들어진 것은 중소기업 및 벤처기업들이 증시에서 사업자금을 보다 원활히 조달할 수 있도록 하기 위해서다.

즉 코스피와 코스닥은 우리나라에서 가장 큰 규모의 주식 거래 시장인데, 코스피시장은 주로 검증되고 매출 규모가 큰 기업들이 주를 이루는 정규시장이며 코스닥은 중소기업이 주를 이루는 장외시장이라 할 수 있다. 따라서 코스피에 투자하는 것은 조금은 안정적인 반면 코스닥에 투자하는 것은 위험도가 다소 높지만 그에 따라 수익도 다소 높을 수 있다.

그럼 다우존스, 나스닥은? 미국의 코스피, 코스닥이다. 다우지수라고 하면 뉴욕의 다우존스사가 매일 발표하는 뉴욕 주식시장의 평균주가. 나스닥지수라고 하면 벤처·중소기업의 주식을 장외에서 거래하는 나스닥시장의 종합주가지수.

😊 **한 가지 더**

증권시장에는 '공포지수' 즉 'VIX지수' 라는 것이 있는데, 이것은 증시지수와는 반대로 움직이는 것으로 투자자 심리를 판단하는 지표로 사용된다.

금융위기의 해결사, 알고보면 좋은 은행

은행의 핵심 역할은 고객에게 돈(자금)을 빌려주고 돈(이자수익)을 버는 일이다. 그런데 고객이 사정상 돈을 갚지 못하면? 돈을 회수하지 못하는 부실채권이 생기는 것. 은행 입장에서 어느 정도의 부실채권은 각오한 일이라 보통 때라면 부실채권을 일정비율로 유지하고 일부는 손실 처리해 문제가 없다. 문제는 그 부실채권이 너무 많아졌을 때다. 감당할 수 없을 정도로 은행 손실이 늘어나면 정상적인 은행 업무가 불가능해지고 이 같은 은행의 위기는 곧바로 해당 국가 전체경제의 위기로 확산되는데, 이때 '짠' 하고 등장하는 것이 배드뱅크다.

즉 방만한 운영 등으로 부실자산을 흡수할 수 있는 은행의 자정기능이 제 역할을 하지 못하게 될 때 그 은행으로부터 부실채권을 사들여 처리해주는 땡처리 전문가라고나 할까? 이름처럼 나쁜 은행이 아니다. 그리고 실제론 은행이 아닌 구조조정 전문기관이다.

예를 들면 A은행이 B의 부동산 등을 담보로 B에게 대출해주었다가 B가 부도가 났다면, 배드뱅크는 A은행으로부터 B의 담보물을 넘겨받아 그것을 담보로 유가증권(자산담보부채권)을 발행하거나 그 담보물을 팔아 채무금을 회수한다. 그러고 나면 부실채권을 배드뱅크에 전부 넘겨버린 A은행은 우량 채권·자산만을 확보한 굿뱅크(good bank)로 바뀌는 것.

배드뱅크는 정부기관이 경제시스템 안정을 위해 만들거나 은행이 단독으로 만든다. 은행 단독의 배드뱅크는 자체 보유한 부실자산을 매년 일정부분 자회사인 배드뱅크로 털어내 건전성을 유지할 수 있고 정부기관 배드뱅크는 금융위기시 급증하는 금융사 부실자산을 적극 사들여 일시적으로 위기에 빠진 금융사들을 지원할 수 있다.

우리나라에서는 정부 출자기관인 한국자산관리공사(캠코)가 배드뱅크 역할을 하고 있으며, 글로벌 위기 이후인 2009년 10월에는 민간은행이 은행권 문제를 스스로 해결하고자 새로운 형태의 민간 배드뱅크를 설립해 관심을 모으기도 했다.

한 가지 더

방카슈랑스란? 방크(은행)+아슈랑스(보험)의 합성어. 은행이 보험회사와 연계해 보험 성격이 짙은 상품을 개발 판매하는 새로운 형태의 종합금융서비스.

'높은 콧대'들은 비싸야만 산다

미국 애리조나 주 관광지의 인도 장신구를 파는 한 상점에서 있었던 일. 비싼 은팔찌나 보석 장식 액세서리들은 날개 돋친 듯 팔렸으나 유독 값싼 터키석만은 아무도 거들떠보지를 않았다. 이에 주인은 종업원에게 '터키석 가격을 2분의 1로 해라'는 쪽지를 남기고 출장을 떠났다. 그리고 출장에서 돌아와 보니 터키석이 모두 팔려나갔다. 사람들이 싼 맛에 샀나보다 생각했는데 흥분한 종업원의 말은 달랐다. "사장님, 역시 가격을 올리니 터키석이 순식간에 모두 팔리더이다." 덤벙대는 종업원이 '2분의 1로 해라'를 '2를 곱해라'로 잘못 본 것이었으니.

이 터키석 일화가 바로 베블런효과를 나타낸다. 미국의 경제학자 베블런이 자신의 저서 《유한계급론》에서 "상층계급은 사회적 지위를 과시하기 위해 지각 없이 소비한다"고 말한 데서 유래한 베블런효과는 기능적으로는 동일한 상품에 대해 소비자가 높은 가격을 기꺼이 지불하려는 행태를 뜻하는 것. 과시적 성향의 사람들에겐 비쌀수록 잘 팔린다는 것이다. 남들보다 자신의 삶의 조건이 우월하다고 생각하는 '콧대' 높은 사람들은 자신들의 콧대를 더욱 더 높이기 위해 물건이 비쌀수록 더욱 매력을 느끼는 법. 따라서 베블런효과는 주로 사치품시장에 존재한다.

그러니까 아무리 경기침체가 장기화되고 경제가 어렵다 해도 최고급 수입차나 명품가방에 대한 수요는 줄어들지 않고 그 가격은 천정부지로 오른다. 최고가의 휴대전화 가격이 싼값으로 떨어지면 사람들 관심은 바로 떨어지고 비싸서 먹지 못했던 음식을 공짜로 즐기라는 이벤트는 그다지 인기가 없다. 이것이 바로 베블런효과. 이는 무조건 남의 소비 성향을 좇아 한다는 뜻에서 소비편승효과라고도 하고, 남들이 구입하기 어려운 값비싼 상품에만 집착하는 속물근성을 나타내는 속물효과와도 비슷하다.

그런데 자신의 경제적 능력을 '배반'하는 과시적 소비의 대가는 암울하기 그지없는 법. 부채는 개인뿐만 아니라 기업이나 국가로 확대되어 이제 세계 전체적으로도 미래 금융을 위협하는 요인이 되는 것이다.

😊 **한 가지 더**

명품의 생명은 희소가치. 루이비통 등의 명품들은 결코 세일하지 않는다. 재고가 발생하면 고객보호차원에서 모조리 불태워버린다.

공정무역인가 불공정게임인가, 그것이 문제

지난 몇 년 동안 언론을 점령한 단어 중 하나가 한미FTA. FTA란 국가 간 상품의 자유로운 이동을 위해 모든 무역장벽을 제거하는 자유무역협정을 말한다. 따라서 한미FTA란 한국과 미국 간의 자유무역협정이란 뜻. 그런데 왜 그렇게 문제인가? 한마디로 이것이 공정한 협정이냐 불공정한 거래이냐를 두고 의견이 분분한 것.

지난 5년간의 우여곡절 끝에 2010년 12월 타결되면서 앞으로 한국은 99% 이상, 미국은 100% 상품관세를 없애게 되었는데, 이로써 한국은 세계최대시장인 미국에서 좀 더 활발한 사업기반을 마련하게 되었다는 것이 한미FTA를 찬성하는 사람들의 입장이다. 무역에 의지하는 우리 입장에서, 특히 미국에 수출하는 양이 절대적으로 많은 상황에서 한미 FTA를 체결하면 당장 수출에 청신호가 켜진다는 것. 그렇게 수출이 활성화되면 국내 경제성장률은 그만큼 증가하고 국내 경우 해외 자본 투자 증가 및 산업 활성화, 그로 인한 일자리

[첫째 어휘군]
우리가 꼭 알아야 할 경제 이야기

증가도 예상된다는 것. 만약 한미 FTA가 성공할 경우 한국은 선진 7개국 정상모임인 G7에 가입할 수도 있을 것이라는 들뜬 전망까지도 나오는데, 이는 과연 사실일까?

하지만 이에 대한 부정적 전망 또한 만만치 않다.

당초 기대와 달리 고용효과도 미미해 실업자가 대거 늘어나고 미국농산물로 피해를 입은 농업인구가 대거 서비스업으로 이동해 시장이 불안정해진다는 것. 또한 한미 FTA에서 미국이 주장하는 선결조건(스크린쿼터 축소 혹은 폐지, 미국산 쇠고기 수입재개, 약가재조정 중지, 자동차 배기가스 규제완화)을 따를 경우, 문화마저 종속당하고 공공서비스 등 사회 기반이 무너지게 될 우려가 있다는 것. FTA 독소조항도 문제다. 한미FTA가 한국법과 충돌하면 한미FTA가 우선되는데 미국에서는 그 반대. 이것이 심각한 문제를 유발할 것이라는데.

암튼 이런 중차대한 국가대사는 전문가의 식견과 보통사람의 상식을 아우르는, 그야말로 '국민의 의견'을 수렴하는 절차가 우선되어야 마땅할 듯.

한 가지 더

경제문제에 정답은 없다. 옳고 그름의 문제라기보다 우선순위의 문제, 어떤 계층에 혜택이 돌아가느냐 하는 판단의 문제일 뿐. 여기서도 '정의란 무엇인가'를 고민해볼 수 있다.

손 털고 발 빼고 떠나야 할 때는 언제인가?

출구전략이란 말뜻 그대로 밖으로 나가는 전략, 즉 뭔가 상황이 좋지 않을 때 그 상황에서 벗어나는 전략으로, 원래는 군사전략에서 비롯된 말이다. 1960년대 베트남전쟁에서 오도 가도 못하게 발이 묶인 미국이 승산 없는 싸움에서 자신들 피해를 최소화하면서 군대를 철수할 방안을 모색할 때 제기된 용어다.

이렇듯 전쟁터에서 유래한 출구전략은 경제용어로 다시 태어나는데, 즉 경기침체기에 경기를 부양하기 위해 취했던 각종 완화정책을 경제에 부작용을 남지 않게 하면서 서서히 거둬들이는 전략을 말한다. 경기가 어려울 때 국가에서 경기 활성화를 위해 각종 투자 지원 등의 방식으로 간접적으로 경기 호응도를 이끌어낸 정책을 그만둔다는 것. 예를 들어 조선시대에는 나라에서 기근이 들면 나라 창고를 열어 백성에게 무상으로 쌀을 나눠주던 제도도 있었는데, 이것을 중단한다는 뜻. 이제 위기가 끝났으니 그만 손 털고 발 빼겠다는 뜻.

이 같은 출구전략은 그 시점이 무엇보다 중요하다. 떠나야 할

'때'를 아는 것이 가장 중요한 전략인데, 그 '때'라는 것을 명확히 알아차리기가 쉽지 않은 것이 사실상 경제의 딜레마.

역사적으로도 실패한 출구전략 사례는 많다. 미국 루스벨트 정부의 1937년 긴축정책은 널리 알려진 실패 사례. 1929년 대공황 이후 침체됐던 미국 경제가 1936년에는 대공황 이전 수준을 회복하자 1937년에는 긴축정책을 시행했는데, 성급한 출구전략의 결과는 주가 폭락, 경기 둔화, 마이너스 성장이었다. 일본도 1990년대 잃어버린 10년 동안 두 차례 경기 회복 기회가 있었지만 성급하게 재정을 긴축하거나 금리를 인상하면서 지속적인 불황을 맞게 됐다.

이렇듯 출구전략 시점이 너무 빠르면 경기회생정책의 효력을 깎아먹는 것이 되고, 너무 늦으면 인플레이션 등의 부작용이 더욱 커질 수도 있다. 떠나야 할 때를 알고 떠나는 아름다운 뒷모습은 여간해선 보기 힘든 것.

더블딥(double dip)이란? 경기침체 후 잠시 회복기를 보이다 다시 침체에 빠지는 이중침체 현상. 'W자형' 경제구조라고도 한다.

일할 의욕에 날개를 달아주는 성과급 제도

스톡은 주식증권, 옵션은 조건부. 조건부 주식증권 스톡옵션은 일종의 성과급 제도다. 다른 이름으로 자사 주식 매입선택권이라고도 불리는 이 제도는 회사에서 자사 주식을 임직원에게 낮은 금액으로 매입할 수 있는 권리를 부여한 후, 일정 기간이 지나면 마음대로 시장에 처분할 수 있는 권한을 주는 제도. 회사의 경영상태가 나날이 상승 발전해 주가가 뛸 때 자사 주식을 매각하면 많은 차익을 낼 수 있기에 전망이 밝은 기업일수록 스톡옵션에 대한 기대치는 높아만 가는 것.

이는 대기업에 비해 임금을 많이 주지 못하는 중소기업이나 벤처기업에서 우수인재를 확보하기 위한 전략으로, 임직원의 근로의욕을 진작시키는 방안으로 사용되고 있다.

예를 들어, 갑 회사가 을을 2012년 1월 채용하면서 현재 주가 5만 원인 자사주 1만 주를 행사기간 5년 조건 스톡옵션으로 부여하는 경우, 5년 후 주가가 50만 원이 되었다면 스톡옵션을 받은 사람은 5만

원에 1만 주를 매수하는 권리를 행사해 50만 원 시가에 매도할 수 있으므로 큰 보너스를 받게 되는 것.

하지만 스톡옵션을 주고 인재를 채용했는데도 불구하고 5년 후에 기업 주가가 상승하지 못했다면 기업발전에 기여한 공로가 거의 반영되지 않은 것으로 스톡옵션의 보너스효과는 사라지게 되는 것. 스톡옵션을 받은 사람은 권리를 포기하고 행사하지 않게 될 것이다.

철저하게 능력 중심으로 제공되는 스톡옵션은 그 대상이 되는 임직원에게 함께 열심히 일하자고 격려하는 효과적인 능률급제도로서 현재 새로운 경영전략의 하나로 자리잡고 있다. 한국에서는 1997년 4월부터 개정 증권거래법이 시행되면서 이 제도가 도입된 뒤 벤처기업을 중심으로 급속히 확산되었고, 미국의 경우 스톡옵션이 거의 일반화되어 전문경영인들은 스톡옵션을 통해 실제 연봉보다 더 많은 소득을 올리는 경우도 많다.

스톡옵션과 함께 근로의욕을 진작시키는 또 하나의 방안이 '우리사주제도'. 이것은 종업원이 회사 주식을 소유해 기업경영과 이익분배에 참여하게 하는 것.

예측 불가능한 미래까지도 대비하라

"극히 예외적이고 알려지지도 않았고 또 가능성 없어 보였던 블랙 스완에 의해 세상은 지배된다." 투자전문가 나심 탈레브가 미국 금융산업의 심장부 월스트리트의 허상을 파헤친 역작 《블랙 스완》에서 한 말이다. 블랙 스완, 검은 백조라니? 백조는 하얗지 않은가 말이다. 당연히 백조는 하얗다는 믿음하에 붙여진 새의 명칭이다. 따라서 검은 백조란 '실제로는 존재하지 않는 어떤 것'에 대한 은유적 표현으로 서양 고전에서 사용된 용어다. 그런데 1770년 한 탐험가가 실제로 호주에 살고 있는 흑조를 발견해냄으로써 이 역설적 상상은 현실이 되었다. 그래도 이후 한동안은 그저 그런가보다 했다.

그런데 세월이 흘러 2008년, 한동안 잊혀졌던 '검은 백조'는 서브프라임 모기지 사태에서 시작해 미국의 금융자본주의와 글로벌 금융시장이 '1만 년 만의 위기'라고 불린 파국을 맞으면서 다시 주목받게 되었다. 세상에는 하얀 백조만 있는 것으로 알고 있던 사람들 앞에 갑자기 나타난 검은 백조처럼, 인간이 과거 경험을 바탕으로 미래를 예측하는 것은 거의 불가능함을 가리키는 용어로 재탄생한 것이다.

예컨대 1000일 동안 주인이 주는 먹이를 매일매일 맛있게 받아먹던 칠면조는 그다음 날도 그다음 날도 똑같이 맛있는 먹이를 기대하겠지만, 추수감사절을 앞둔 1001일째 되는 날 하루아침에 주인에 의해 목이 날아가게 되는데, 이처럼 칠면조 입장에서는 전혀 예측할 수 없는 사건이 바로 블랙 스완인 것. 2001년 9·11테러나 1914년 1차 세계대전이 터지기 하루 전에도 사람들은 세계가 온통 그토록 커다란 폭풍에 휩싸일지 상상하지 못했다. 인터넷이 일으킨 거대한 혁명도 지나고 나서야 예견된 일처럼 보였다. 블랙 스완은 우리 삶의 모든 분야에서 갑자기 나타나는데, 그 중에서도 금융시장의 블랙 스완은 가장 충격적으로 다가온다.

블랙 스완 개념을 유행시킨 나심 탈레브는 "블랙 스완을 부정하거나 예측하려 할 것이 아니라, 그것과 '함께' 살아가야 하는 것이 현대인의 숙명"이라고 말한다. 생각지 못한 위기까지를 늘 생각해야 하는 것이 인간 운명이라니!

먹이를 찾아 세계를 누비는 공격적 투기자본

원래 방어적인 뜻을 갖는 단어 '헤지'와는 다르게 심하게 공격적인 투자를 서슴지 않는 도박성 투자신탁이 헤지펀드다. 펀드라고 하면 대부분 펀드매니저가 수수료를 받고 일반 사람들의 돈을 운영하는 것인데, 이 헤지펀드는 일반인들 돈은 받지 않는다. 왜냐? 규모 있는 투자이기 때문에 규모 있는 사람들 돈만 받는 것. 즉 돈 많은 기관이나 소수의 재력가들 100명 미만을 개별적으로 모아 그들끼리의 파트너십을 결성한 후 그들만의 투자행위를 하는 것인데.

그 행위를 볼 것 같으면, 이익이 생기는 곳이라면 불철주야 어디든 달려가는 것이 특징인바 투자 분야는 참으로 다양하다. 주식시장은 물론이거니와 시세차익을 노릴 수 있는 거의 모든 금융상품을 상대하며, 그 투기성이 나름 인정받으면서부터는 심지어 미국과 유럽의 사치품, 미술품, 고급주택시장에까지 그 손길이 뻗치고 있다는데.

하지만 큰돈이 움직이면 당연히 세금도 많아지므로 헤지펀드는 카리브해의 버뮤다제도처럼 조세를 감면해주는 지역에 위장거점을 마련하고 자금을 운영하는 방식으로 세금문제를 피해간다. 헤지펀드는 파생금융상품을 교묘하게 조합해서 도박성이 큰 신종상품을 자꾸자꾸 개발하는데, 이것이 국제금융시장을 교란시키는 하나의 요인으로 지적되어 관심을 끌기도 한다. 이를테면 세계 최대 규모의 헤지펀드는 바로 헤지펀드의 제왕으로 불리며 전 세계 헤지펀드의 절반 이상을 차지하는 조지 소로스의 '퀀텀펀드'인데, 이 퀀텀펀드가 1992년 영국은행을 공격해 한 달 만에 영국 IMF 사태를 불러일으킨 일은 너무도 유명하다.

이처럼 헤지펀드가 국제금융 시장에 미치는 위력은 상당한 것으로, 한국에서도 1996년 9월 금융기관들로부터 자금을 모아 남아메리카와 동유럽 등 투자위험성이 비교적 높은 신흥시장에 집중 투자하는 헤지펀드가 최초로 생겼다.

현재 이 거대한 헤지펀드는 그 투기성으로 인해 금융혼란을 야기한다는 부정적인 시각이 있는 반면 다양한 투자전략을 통한 시장효율성 추구 및 시장유동성 공급이라는 순기능도 부각되고 있다.

과학자 아이작 뉴턴이 주식투자로 돈을 날리고 한탄하며 한 말인즉, "천체의 움직임은 계산할 수 있지만 사람들의 광기는 도무지 알 수 없단 말이야!"

중소기업에겐 상처뿐인 작은 영광

키코는 녹인 녹아웃(Knock-In, Knock-Out)의 영문 첫 글자에서 따온 말로, 환율변동에 따른 위험을 피하기 위한 환헤지 상품. 즉 변동 상한(Knock-In)과 하한(Knock-Out)을 정해놓고 환율이 미리 정한 범위 안에서 움직이면 기업이 은행에 시장가격보다 높은 가격으로 외화를 팔고, 반대로 환율이 지정된 하한선 아래로 떨어지면 계약 무효, 상한선을 넘으면 시장가격보다 낮은 가격으로 외화를 팔도록 하는 상품이다.

예를 들어 어떤 기업이 약정액 100만 달러를 1달러당 약정환율 1000원, 하한 950원, 상한 1050원으로 정해놓고 은행과 계약했다면, 만기시 환율이 970원으로 내려가도 약정환율 1000원을 적용받아 이익을 얻을 수 있고, 또 만기시 환율이 1000원에서 1050원 사이에 해당할 때는 옵션계약을 이행하지 않고 시장가격에 매도해서 이익을 얻을 수 있다. 그러나 환율이 하한 이하로 내려가면 계약은 무효가 되어 환손실을 그대로 떠안아야 하고, 상한 이상으로 올라갈 경우에는 더 큰 손실을 입는다. 보통 상한 이상으로 오를 경우 약정금액의 2배 이상 팔아야 한다는 옵션이 붙기 때문.

이처럼 키코는 환율이 정해진 하한과 상한 사이에서만 움직여준다면 기업에게 어느 정도나마 이익을 안겨줄 수 있지만, 그 이익을 바라보기에는 손실 위험성이 너무 큰 상품이다. 2008년 한국에서 환율이 급등했을 때 은행과 키코 계약을 맺은 중소기업들이 큰 손실을 본 이른바 '키코 트라우마'를 겪었는데, 이로 인해 견실한 중견기업체가 환차손으로 흑자도산한 사례도 있다.

중소기업들에게 골칫거리 상품으로는 키코 말고도 '피봇', '스노볼'이란 상품도 있다. '피봇'은 환율이 상한선은 물론 하한선을 넘어가도 손실이 발생하는 구조이고, '스노볼'은 한 달 단위로 행사 가격이 바뀌어 이익이나 손실이 무한대로 커질 수 있는 상품. 키코, 피봇, 스노볼 모두 환리스크에 대한 대비 없이 감히 건드릴 수 없는 상품인 것.

☺ **한 가지 더**

환헤징이란? 환율 변동에 따른 손실을 방지하기 위해 현시점의 환율로 미리 달러를 원화로 바꿀 수 있는 권리를 확보하는 금융상품.

개인과 기업,
국가의 경제성적표

개인, 기업, 국가 각각의 신용등급은 각각의 경제성적표라고 할 수 있다. 그렇다면 이러한 성적은 누가 매기는 것일까?

개인의 신용등급은 일반적으로 금융위원회로부터 허가받은 신용조회 회사나 금융회사들이 산정한다. 은행이나 카드회사 같은 금융회사에는 자체적으로 개인 신용을 평가하는 시스템을 갖추고 있어 개인이 돈을 빌리러 가면 자체 등급에 맞춰 대우를 달리한다.

기업들도 주식회사가 자금을 모으기 위해 일반인에게 발행하는 채권인 회사채를 발행하려면 신용평가회사로부터 신용등급을 받아야 한다. 이때 등급을 매기는 주체는 한국신용정보, 한국신용평가정보, 한국기업평가 등으로, 이들은 기업의 회사채 상환능력을 평가해 기업 신용도를 총 18개 등급으로 점수 매긴다. 이러한 신용등급은 이자율에 반영되어 등급이 낮으면 높은 기업에 비해 훨씬 더 많은 이자를 내야 한다.

국가신용등급도 이치는 마찬가지. 한 나라의 채무 이행 능력과 의사가 얼마나 있는지를 표시한 것으로 국제금융시장에서 차입금리나 투자여건을 판단하는 기준이 된다. 국가신용도가 낮아지면 외국 투자자들이 자금대출을 꺼리고 대출금리를 올리게 된다. 개별기업이나 금융기관의 신용평가도 해당국가의 신용등급을 토대로 이루어지기 때문에 국가신용도가 낮으면 우량기업도 낮은 신용평가를 받게 되는 불이익이 따르는 것.

그렇다면 국가신용도는 누가 결정하는 것일까? 빅3로 불리는 세계 신용평가회사가 주로 평가한다. 즉 무디스(Moody's), 피치(Fitch), 스탠더드앤드푸어스(S&P) 손에 달린 것. 이들의 평가업무는 국제금융시장에서 막강한 영향력을 행사하는데, 재미있게도 우리나라는 1997년 외환위기를 맞기 전까지는 초우량등급이었다. 그러다 구제금융을 당하는 처지가 되자 6단계나 급락하는 신세가 되었으니. 현재 우리나라는 전체 범위에서 그냥 중간 수준 정도. 사실상 이들 평가기관은 아시아 기업에 대한 평가 정확성이 많이 떨어진다.

제1금융권은 일반은행. 제2금융권은 보험회사·증권회사·투자신탁·여신금융회사·상호저축은행 등. 제3금융권은 제도권금융 이외의 대부업체·사채업체.

'나'를 살리는 경제, '내'가 살리는 경제

2

빅맥지수

> 효용의 대상이 되지 않으면
> 그 어떤것도 가치를 가질 수 없다.
>
> 카를 마르크스

금본위제

모럴
해저드

물가를 점치는 영특한 상품 수치

나라마다 통화가 다르기 때문에 그 통화를 서로 교환하려면 일정한 비율이 필요한 법. 그것을 환율이라고 한다. 20세기 중반까지는 각 나라 정부가 협의 하에 환율을 정했는데 그것이 고정환율. 20세기 후반부터는 시장(외환시장) 거래를 통해 환율을 정하도록 했으니, 그것이 이른바 변동환율. 그런데 환율은 국가 간의 경제사정에 따라 일반적으로 적당하다고 여겨지는 적정환율과 실제환율이 다르다. 그렇다면 적정환율은 어떻게 산정될 수 있을까? 적정환율은 세계적으로 많이 팔리는 대표상품을 정해 그 제품 가격을 기준으로 알아볼 수 있다.

그렇게 해서 등장한 '대표상품'이 다국적기업 맥도날드사의 햄버거 '빅맥'인 것. 빅맥지수란 맥도널드 햄버거인 '빅맥' 가격에 기초해 120여 개국의 물가 수준과 통화가치를 비교하는 주요 지수로서, 영국 경제전문지 〈이코노미스트〉가 매 분기마다 작성·발표한다.

즉 세계 여러 나라에서 크기·재료·품질 면에서 표준화되어 판매되는 빅맥 가격을 달러로 환산해 국가 간 물가 수준 과 통화가치를 비교하고 이를 통해 각국 환율의 적정 성을 측정하는 것이다. 예를 들어 시장환율이 1300원(1달러 기준)일 때, 미국에서 빅맥 가 격이 2.5달러이고 우리나라에서 3000원 이라면 두 나라 간의 적정환율은 1200원 (3000/2.5=1200)이 된다. 이때는 시장환율이 적정환율보다 크므로 원화가 저평가된 것.

하지만 환율이 구매력에만 의존하는 것은 아니어서 이 빅맥지수 가 항상 현실을 반영하지는 못하며, 다만 참고자료로 이용되는 정 도. 빅맥지수의 문제점을 지적하며 현재는 이를 대신할 만한 다른 여러 지수들이 꼬리를 물고 있다.

가장 유명한 대리지수는 스타벅스 커피 가운데 가장 많이 팔리는 '카페라테지수'와 삼성 '애니콜지수'. 우리의 김치찌개 가격으로 각국통화가치와 물가를 비교하는 '김치지수'도 있고, '초코파이지 수', '신라면지수'도 있다.

😊 **한 가지 더**

퇴출 직전의
구사일생 생존기회

'워크아웃'이란 말은 원래 미국 유명 연예인들이 다이어트 프로그램을 제작하면서 만든 신조어로, 체중을 줄이기 위해 프로그램을 짜고 그 프로그램에 따라 단계적으로 실천에 옮기는 계획된 훈련을 뜻한다. 그런데 80년대 말 미국 GE의 잭 웰치 회장이 기업구조조정 과정에서 독창적인 경영 체질 강화 운동을 벌이면서 이 말을 사용함으로써 경제용어로 일반화된 것. 잭 웰치의 워크아웃 운동은 업무 속에 배어 있는 그릇된 습관을 퇴치하자는 것으로, 워크아웃 미팅 즉 '끝장을 보는 회의'를 주재하며 기업 문화 혁신을 부르짖었다.

우리나라에서는 1998년 7월 국제통화기금(IMF)체제에서 이 말이 유행하기 시작했는데, 퇴출을 뜻하는 아웃(out)이란 단어 때문에 이미지가 좋지 않아 금융감독위원회는 워크아웃을 '기업개선작업'으로 통일해 사용하고 있다. 그러니까 워크아웃은 기업과 금융기관이 서로 협의해서 진행하는 일련의 구조조정 과정과 결과를 뜻하는 것으로 기업 스스로 하기 힘든 기업 내부의 구조조정작업을 채권금융기관 주도로 진행하는 것이다. 그야말로 사회에서 퇴출될 수도 있는 기업을 확실하게 '회생'시키는 것이 워크아웃의 취지다.

그렇다면 워크아웃 대상은? 회생 가능성은 있으나 유동성 부족으로 부도위기에 몰린 기업이 주 대상자. 워크아웃 대상 기업은 은행이 자체적으로 선정하거나 해당기업의 신청을 통해 확정되지만 워크아웃 추진 여부는 해당기업이 거래하는 모든 채권금융기관 협의회에서 최종 결정한다.

워크아웃이 시작되면 대개 은행대출금의 출자전환, 대출금 상환유예, 이자감면, 부채삭감 등과 같은 금융지원이 이루어지고, 워크아웃 대상 기업은 이에 부응해 계열사 정리나 감사, 자산매각, 주력사업 정비 등의 구조조정 노력을 적극 행해야 한다.

기업이 아닌 개인도 워크아웃을 받을 수 있는데, 개인워크아웃제도는 개인이 법원에 파산신청을 내기 전에 채무를 일부 탕감해주거나 만기를 연장해 개인에게 신용회복의 기회를 주는 것이다.

임계치 이론이란? 개인이든 기업이든 확실한 질적 변화를 위해서는 임계치 이상의 에너지를 단기적으로 쏟아부어야 한다는 것. 멈춤 없이 끊임없이 달려야 한다는 것.

홈그라운드에서의
치욕적 패배

‘윔블던(wimbledon)에서 윈블던(win-bledon)으로.’ 이것은 영국언론이 수년 전 1면 머리기사로 뽑은 제목. 무슨 말일까? 테니스 대회 최고의 역사와 권위를 자랑하는 윔블던 테니스대회. 1877년 제1회 대회를 시작으로 130년이 넘는 역사를 자랑하는 이 대회는 처음에는 영국 상류사회 사교모임으로 폐쇄적인 클럽경기였던 것이 1968년부터는 프로와 외국선수에게도 문호를 개방해 현재의 명성을 얻고 있다. 그런데 대회가 막상 오픈대회로 바뀌자 영국선수가 우승하는 것은 가뭄에 콩 나듯 어려운 일이 되었으니.

그래서 ‘윈블던’이 나온 것. 이것은 윔블던 테니스대회에서 자국선수가 챔피언에 오르는 모습을 보고 싶다는 기대감을 노골적으로 드러낸 표현이다. 또한 그래서 나온 말이 ‘윔블던 효과’. 윔블던 테니스대회의 밥상을 차리는 것은 영국이지만 잔치는 외국 선수들이 벌인다는 데서 따온 말이다. 남 좋은 일만 시킨다는 비아냥거림이

들어 있는 이 '경제용어'는 개방된 시장을 외국계가 석권하는 현상을 뜻하는 것.

윔블던 효과는 1986년 영국이 금융빅뱅을 단행한 이후 금융산업 전반에 개방화, 자유화, 국제화, 겸업화가 빠르게 진행되면서 나타났다. 영국의 금융시장이 개방되자 막강한 자금과 조직의 미국과 유럽의 금융업자들이 영국 금융기관을 인수하기 시작해 영국 10대 증권사 가운데 8개사가 도산하거나 흡수·합병되었는데. 그러나 이로 인해 영국 증권산업의 전체적 경쟁력은 강화되어 런던은 세계 금융의 중심지로 다시 떠올랐다. 이에 따라 윔블던 효과는 시장개방이 가져오는 국제 경쟁력 향상 및 시장규모 확대라는 긍정적인 효과를 설명할 때나, 반대로 개방으로 인한 외국자본의 국내기업 소유 증가 및 시장 지배력 확대라는 부정적인 효과를 설명할 때 모두 사용된다.

현재 우리나라는 외환위기로 윔블던효과를 겪은 이후 한미FTA가 발효되면 또다시 윔블던효과를 초래할 것이라는 우려의 목소리가 나오고 있는 실정이다.

한 가지 더

빅뱅이란? 우주가 처음 만들어질 당시의 에너지 대폭발. 경제분야에서는 금융산업이 대폭 개편되고 구조조정이 강력히 진행되는 과정을 일컫는다.

금융과 기업, 떨어뜨릴 것인가 말 것인가

금산은 금융자본과 산업자본의 합성어. 금융자본이라 함은 은행·증권회사·보험 등을 일컫고, 산업자본이라 함은 삼성·현대 등 제조업을 바탕으로 하는 대기업을 말하는 것. 즉 금산분리란 은행이 대기업을 소유하지 못하게 하고 산업자본 또한 은행 소유를 금하는 원칙. 산업자본과 금융자본이 결합하는 것을 제한하는 것. 이것은 법으로 제정되어 있다.

왜 이런 법이 있어야 하는 걸까?

만약 산업자본이 은행을 소유하게 되면 은행돈을 자기 돈처럼 남용하게 될 뿐만 아니라 자금이 특정 산업과 기업에 집중됨으로써 경제력 집중이 심화될 수 있다. 특히 모회사인 산업자본의 투자·경영 실패 결과가 자회사인 금융기관의 부실로 이어져 국민경제에 피해를 끼칠 수 있다. 그래서 세계 100대 은행 중 산업자본이 경영을 지배할 수 있는 은행은 4곳에 불과하고 미국도 이를 원천적으로 차단하고 있다.

하지만 이러한 산업자본의 금융참여 제한으로 인해 외국계자본의 국내 금융산업 지배 현상이 심화되었고, 이는 국내 산업자본에 대한 역차별이라는 의견도 있어, 현재 금산분리 완화 의견이 대두되고 있는 실정인데, 완화 입장에서는 외국인투자자의 국내 은행 지분취득에는 제한을 두지 않고 국내 산업자본에만 지분취득을 금하는 것은 '형평성의 원칙'에 어긋난다고 소리 높이는 것.

하지만 완화 반대 입장은 생각이 다르다. 찬성 입장에서는 은행이 대주주의 사금고가 된다는 우려의 목소리에 대해 금융감독기관이 있으니 문제없다고 하지만 실상은 그렇지 않다는 것. 2011년 영업정지된 저축은행 사건에서도 특혜와 불법대출, 부정이 판쳤지만 금감원과 감사원의 감사에서도 이것은 제대로 밝혀지지 않았다. 도덕성이 낮은 정부 아래서 금산분리 완화는 국가적 재앙을 가져올 수 있다는 것. 서민 경제가 있고 그다음에 대기업이 있는 것이므로 대기업 위주의 경제정책은 자제해야 마땅하다는 주장이다.

한 가지 더

기업의 목적은 '이윤추구'. 기업의 주인은 그 회사 주식을 소유한 주주들. 기업의 유일한 의무는 돈을 번 만큼 정당히 세금 내는 것뿐. 그 세금을 쓰는 것이 나랏일이다.

세계경제를 논하는 거물들의 모임

세계경제 현안을 논의하고 해결점을 모색하기 위해 세계경제의 큰 축을 맡고 있는 국가의 정상이나 재무장관, 중앙은행총재가 갖는 모임이 G20. 이는 G5, G7 등이 발전한 것이다. G 다음의 수치는 참가한 국가 수.

이 'G 시리즈'의 시작이 된 G5는 1973년 제1차 석유파동과 그에 따른 불경기로 인해 1970년대 중반 미국·영국·독일·프랑스·일본 등 선진 5개국이 경제정책 협력을 위해 모인 것이었다. 이후 1975년 프랑스는 선진 5개국과 이탈리아 정상을 초청해 정기적인 모임을 제안했으며, 참가국들은 이 제안에 동의하고 돌아가면서 의장국을 맡기로 했다. 이듬해인 1976년 개최국인 미국이 캐나다를 초청하면서 G7 모임으로 발전했다. 이때부터 정상회의와 함께 매년 재무장관·중앙은행총재 모임을 갖는 형태를 마련했다. 이후 소련 붕괴로 냉전구도가 해소되자 1991년부터는 러시아가 참석하기 시작했고, 1997년부터는 명칭이 G8으로 바뀐다.

그런데 1997년 아시아에서 외환위기가 발생하자, 국제금융시장 안정을 위해선 G7보다 폭넓은 협의체 구성이 필요하다는 인식이 확산됐고, 이에 따라 IMF 회원국들 가운데 가장 영향력 있는 20개국을 모은 것이 G20이다. G20은 '서방 선진국과 신흥경제국'의 모임인 것. 그동안은 재무장관회담만 열렸으나 세계금융위기 해결을 위해 2008년 처음 정상회담이 열렸다.

G20 회의의 주요 내용은 국제금융의 현안이나 특정 지역의 경제위기 재발 방지책, 선진국과 신흥시장 간의 협력체제 구축 등으로, 이러한 주요의제는 전 의장국과 현 의장국, 차기 의장국 3개국으로 구성된 트로이카 국가들이 협의해서 결정한다. 한국은 2010년 의장국으로 G20 정상회의를 이끌었다.

반자본주의를 외치는 목소리들이 커지고 있는 현재, 세계경제의 미래를 기획하는 G20이 진정한 미래변화를 꿈꾸며 '위아더월드'를 이룰 수 있을지, 귀추가 주목되는 지점이다.

😊 한 가지 더

'흑묘백묘론'이란? 검은 고양이든 흰 고양이든 쥐만 잘 잡으면 되듯, 자본주의든 공산주의든 인민이 잘살기만 하면 된다는 중국 덩샤오핑의 경제정책.

도덕적으로 느슨해진 정신상태

'도덕적 해이', 개인이 도덕적 긴장감 없이 당장의 편익을 좇아 행동함으로써 장기적인 손실을 초래하는 현상을 뜻하는 모럴해저드. 이는 원래 보험시장에서 사용했던 용어다.

화재보험에 가입한 고객이 보험에 들지 않았더라면 기울였을 화재예방 의무를 게을리 함으로써 화재가 발생해 보험사가 보험료를 지불할 수 있다. 만일 보험사가 고객의 화재예방 노력을 일일이 파악할 수 있다면 그 노력 정도에 따라 보험료를 차등 적용하거나 가입 자체를 거부할 수 있겠지만 그것은 현실적으로는 불가능한 일. 이렇게 보험사가 고객을 일일이 파악할 수 없는 상황을 '정보의 비대칭'이라고 하는데, 경제학적으로 도덕적 해이란 이러한 정보의 비대칭 상황에서 주인이 대리인의 행동을 완전히 관찰할 수 없을 때 대리인이 자신의 이익을 극단적으로 추구하는 과정에서 나타난다.

예를 들어 노동자가 상부의 감시가 없을 때 열심히 일하지 않는 것, 보험사 고객이 사고 대비 주의를 소홀히 하는 것, 의사가 의료

보험금을 위해 과잉진료를 하는 것 등이 모두 도덕적 해이에 해당한다.

은행이 정부의 보증을 믿고 부실기업에 대출해주는 등 사실상 모럴해저드는 금융기관이나 예금자가 행동의 절도를 잃어버리는 행위를 가리키는 말로 많이 쓰이는데, 모럴해저드의 결과로 나타나는 게 역선택(adverse selection). 고금리를 제시하는 부실금융기관에 고객이 예금을 맡기는 것은 대표적인 모럴해저드에 해당한다.

요즘은 법과 제도의 허점을 악용한 이익 추구, 자기 책임을 소홀히 하는 태도, 집단이기주의 등도 '모럴해저드'로 표현한다. 그러니까 국회가 본연의 임무를 저버린 채 각 이해집단 간의 조정기능을 상실하고 예산낭비를 방조한다든지 기업이 회계처리를 불투명하게 하거나 고의부도를 내는 행위 등도 이에 속하며, 운전자의 안전벨트 미착용 또한 모럴해저드다. 사소한 운전자의 안전벨트 미착용이 사고를 유발해 보험금의 추가지출로 인한 보험료 인상을 초래하고, 결국에는 소비자(운전자)들의 부담으로 돌아오는 것.

😊 **한 가지 더**

경제학이란 인간의 '먹고사는' 문제에 대한 고민. 먹고사는 것이 문제인 이유는 인간 욕망은 무한한데 필요 자원은 유한한 탓.

적대적 혹은 우호적인 기업 인수·합병

상대 기업의 주식을 매입함으로써 소유권을 획득하는 경영전략이 M&A. M은 기업합병, A는 인수(종업원 포함)를 뜻하는데, 이때 기업 '인수'란 한 기업이 다른 기업의 주식이나 자산을 취득하면서 경영권을 획득하는 것이고, '합병'이란 두 개 이상의 기업들이 법률적으로나 사실적으로 하나의 기업으로 합쳐지는 것.

경영환경 변화에 따라 한 기업이 다른 기업을 인수·합병하는 것은 자연스런 현상일진대, 문제는 상대 기업이 원하지 않는데 강제로 하려는 것. M&A에는 우호적 M&A와 적대적 M&A가 있다. 회사의 경영권을 인수자에게 계약에 의해서 돈을 받고 넘기는 경우가 우호적 M&A이고, 그것이 아니라 경영권 인수자가 시장에서 주식을 매입해 경영권을 장악하는 것이 적대적 M&A.

합의에 따른 우호적 M&A야 문제될 것 없지만 적대적 M&A의 경우는 하나의 싸움판과 같은 양상을 띠는데, 통상 적대적 M&A는 공개매수나 위임장 대결 형태를 취한다. 공개매수의 경우, 단기간에 의도한 가격으로 대량의 주식을 공시해 매집하게 되는데 인수대상 기업도 적극적으로 맞대응하게 되므로 그 과정에서 주가가 오른다. 그리하여 시세차익을 노리는 공개매수도 생기게 되고, 주식을 매집한 후 대주주를 협박하며 이미 매집한 주식을 비싼 값에 되파는 그린메일(Greenmail)도 있을 수 있다. 한편 위임장 대결은 주총에서 의결권을 갖고 있는 위임장을 보다 많이 확보해 현 이사진이나 경영진을 갈아치우는 방법.

적대적 M&A에 대항하기 위한 방어책은 여러 가지가 있는데, 적대적 M&A 시도시 주주들에게 싼값으로 회사 주식을 팔거나 비싼 값으로 주식을 회사에 되팔 수 있는 권리 등을 주는 '독약 처방(포이즌 필)' 이라는 전략도 있고, 대상기업의 기존 경영진이 적대적 M&A 성사로 중도 탈락하는 경우에 상당 규모의 보상금을 받을 수 있도록 고용계약에 규정하는 '황금낙하산' 전략이라는 것도 있다.

아무튼 말에서 나타나는 느낌처럼 적대적 M&A는 상당히 부정적인 방식. 그래서 적대적 M&A를 시도하는 기업을 흑기사, 인수대상기업의 대주주를 돕기 위해 나선 우호적 제3자를 백기사라고도 부른다.

한 가지 더

기업사냥꾼이란? 기업 M&A 관련 전문투자가. 통상 적대적 매수자를 기업사냥꾼이라 부른다.

조세정의인가 조세억압인가, 그것이 문제

전 세계적으로 경제적 불평등을 해소하고 양극화 문제를 극복하기 위해 부유세를 도입해야 한다는 목소리가 커져가고 있다. 부유세란 쉽게 말해 '돈을 많이 버는 사람은 세금을 많이 내고, 적게 버는 사람은 적게 내도록 하자'는 것. 조세정의 측면에서 이렇게 하는 것이 마땅하다는 것이 부유세 추진 측의 주장이다.

일정액 이상의 자산을 보유하고 있는 사람에게 비례적 또는 누진적으로 과세하는 부유세는 소득 최상위 0.1%에게만 부과되는 것으로 사실상 서민과 중산층과는 상관없는 세금이다. 그렇게 걷힌 부유세로 아동수당이나 노인연금 등 보편적 복지, 역동적 복지를 위해 사용하게 되면 부의 불균형이 조금은 바로잡히기에 부유세는 일종의 복지세로 불리기도 한다.

부유세는 현재 프랑스, 스웨덴, 핀란드, 노르웨이, 스위스 등에서 시행 중이며, 미국에는 '버핏세'라고 해서 연간 100만 달러 이상을 버는 부자에게 일정한 세율을 부과하는 부유세가 있는데, 이러한 부유세 도입을 적극 주장하는 입장에서는, 거액의 금융자산가와 금융소득자에 대한 증세야말로 미국식 금융신자유주의의 폐단이 극심한 한국에서 가장 먼저 도입해야 할 일이라고 하는데.

그런데 언뜻 합리적으로 보이는 부유세 도입이 왜 논란의 대상이 되는 것일까? 진작 부유세를 걷고 있으면서 부유세 폐지 논란에 휩싸이고 있는 스웨덴의 경우처럼 '부의 불평등' 해소 차원에서 마련한 부유세가 취지와 달리 역효과를 불러왔으니, 그것은 부자들이 부유세를 회피하기 위해 해외로 재산을 빼돌리는 '자본도피' 현상이 크게 늘어난 것. 또한 연쇄적으로 부유세로 인한 기업의 투자의욕 상실, 이중과세 문제 등이 생기는 것이다.

얼마 전에는 자본주의 모순에 항의하는 미국 '월가를 점령하라' 시위대가 뉴욕 맨해튼 억만장자들의 집 앞으로 진출해 뉴욕 주의 부유세 폐지안에 대해 항의하기도 했는데, '1% 대 99%'라는 그들의 대결 구호에서 나타나듯, 오늘의 자본주의는 분명한 대결 위기를 맞고 있는 듯.

비만세(Fat tax)란? 설탕으로 단맛을 낸 음료가 건강을 위협한다는 이유에서 탄산음료 등에 부과되는 세금.

미국을 넘어 새로운 경제질서 창출을!

먼저 브레튼우즈체제란?

1944년 7월 미국 뉴햄프셔주 브레튼우즈에서 44개 연합국 대표가 모여 만든 국제통화질서. 세계 각국 통화가치를 달러를 기준으로 일정하게 유지하는 '고정환율제'를 채택, 한마디로 미국과 미국달러가 세계 중심이 된 체제를 말한다. 그리고 이 같은 국제통화제도를 관장하는 기구로 IMF와 세계은행이 설립됐다. 그러나 금융과 무역부문에 새로운 제도를 정착시킨 브레튼우즈체제는 71년 닉슨 대통령이 달러를 금과 바꾸는 금태환을 정지시킴으로써 금융부문이 사실상 와해됐고 고정환율제도 폐지됐다.

이후 76년 자메이카 킹스턴에서 금 공정가격 철폐와 변동환율제 등이 선진공업국 간에 논의되면서 브레튼우즈체제는 '킹스턴체제'로 바뀌게 된다.

그리고 최근 경제위기 상황이 확산되자 국제적으로 신(□)브레튼우즈체제가 활발히 논의되고 있는데, 이것은 미국이 주도하는 시장

자유주의를 넘어 세계공동의 규제와 감독기준을 마련하자는 유럽 주도의 희망사항이다. 영국의 고든 브라운 총리가 재무장관 시절부터 줄기차게 주장해온 국제금융시스템인 것. 신자유주의에서 '제한된 자유'로의 이동을 부르짖는 신브레튼우즈체제의 핵심은 국제표준의 새 회계기준을 채택해 투명성을 확보하고 국가별로 이뤄지는 현행 금융감독체제를 개혁하는 것 등. 이것은 사실상 자본이동 규제와 자본감독 기능의 강화를 초월하는 개념으로, IMF와 세계은행의 기능 재편을 요구하며 새로운 국제금융질서를 꿈꾸는 것.

하지만 신브레튼우즈체제는 어쩌면 신기루에 불과할지도 모른다는 우려의 목소리도 있으니, 신브레튼우즈체제가 완성된다면 세계경제는 미국 중심의 일극 체제에서 유럽 중심의 다극 체제로 변환된다는 것을 의미하는데 사실상 현재 그럴 만큼 유럽의 힘이 압도적이지는 않은 상태이기 때문.

그런데 무엇보다도 과잉자본과 과잉생산이 만연한 현 경제질서에서는 새로운 국제금융질서를 꿈꾸기 이전에 현 경제의 문제점을 깊이 통찰하는 일이 우선되어야 하지 않을까.

😊 **한 가지 더**

2차 대전 이후 달러 중심 체제변화를 보면 이렇다. '브레튼우즈→스미소니언→킹스턴 혹은 신브레튼우즈 체제'

친환경 콘셉트로 시장을 공략하다

쾌적하고 편리한 생활을 추구하는 인간 활동의 결과 발생한 지구자원 고갈과 환경파괴의 심각성은 이제 두말 할 필요 없는 상황. 이러한 상황에서 인간과 환경을 지킨다는 새로운 가치 기준에 입각해 기업의 사회적 책임을 바탕으로 한 마케팅 콘셉트가 바로 그린 마케팅이다.

기왕의 기업들의 상품판매전략이 단순히 고객 욕구나 수요충족에만 초점을 맞추었던 것과는 달리 그린마케팅을 주도하는 기업은 사회적 기업으로서의 책임의식을 가지고 자연환경보전, 생태계 균형 등을 중시하는 시장접근전략을 꾀하고 있는 것. 그린마케팅은 공해유발요인을 제거한 상품을 제조 판매해야 한다는 소비자보호운동에 입각해 인간 삶의 질을 높이려는 기업활동을 포괄적으로 지칭하는데, 결과적으로 이러한 활동은 기업이미지를 좋게 해 수익성 증대로 이어지기도 한다.

오늘날 모든 기업은 환경문제에 대한 압박을 받지 않을 수 없는 바, 이에 대한 기업의 대응방식은 크게 두 가지로 나뉜다. 기존의 사업영역을 고수하면서 환경문제에 대처하는 '방어적 대응'과 기업이 환경문제에 대해 선도적 입장을 취하면서 환경문제를 해결하려는 '창조적 대응'이 그것. 그린 마케팅은 환경문제에 대한 능동적 대응으로서 기업의 사회적 기여를 높이고 매출신장 기회를 마련한다는 점에서 환경문제에 대한 창조적 대응인 셈.

예를 들어보자. '우리 강산 푸르게 푸르게'라는 슬로건을 들어보았는지? 유한킴벌리 기업의 대표 문구다. "우리 숲을 선진국형 숲과 동일하게 만들자"는 목표로 우리 강산 푸르게 푸르게 캠페인을 통해 지난 26년 동안 숲을 중심으로 하는 다양한 활동을 펼치고 있는 이 기업의 이미지는 자연 숲처럼 편안하고 친환경적이다.

또한 바른 먹거리를 기업의 대표 캐치프레이즈로 내세우는 '풀무원' 또한 친환경 생활 실천 가이드를 제시하면서 소비자들에게 건강한 이미지를 심어주는 데 성공하며 매출신장에도 큰 효과를 보고 있다. 아무래도 시대를 호흡하는 기업으로서 살아남는 전략의 대세는 그린마케팅이 아닐는지.

😊 한 가지 더

오염배출권제도란? 정부가 발행한 오염배출권을 업체에 배분, 그 한도 내에서만 배출을 허용함으로써 한 지역의 오염배출량을 일정수준으로 제한하는 제도.

돌고 도는
경기의 악순환

먼저 인플레이션. 이것은 물가가 지속적으로 오르는 현상으로 총수요 증가와 생산비 상승이 주요 원인이다. 인플레이션 어원은 남미 소장수에게서 유래했는데, 소를 비싸게 팔기 위해 소에게 억지로 소금을 먹여 소가 갈증 탓에 물을 많이 먹어 살찐 소처럼 보이게 했던 것. 가격이 부풀려졌다는 뜻. 인플레이션이 진행되면 실질임금은 낮아져 임금소득자는 억울해지고 부동산을 소유한 부자들은 더욱 부자가 되는 현상이 나타나 사회불안 요인이 된다.

그리고 인플레이션을 이어 나타나는 경제공포가 스태그플레이션. 이것은 경기침체(stagnation)와 인플레이션의 합성어로, 물가가 상승하는 '불황'이다. 1970년대 이전 주류경제학에서는 인플레이션과 실업률 사이에 안정적인 역(□)의 관계가 성립된다고 보았지만 1970년대에 높은 인플레이션과 높은 실업률이 공존하는 스태그플레이션이 발생하면서 기존 경제이론은 한계점을 드러내게 되었다.

인플레이션은 보통 경제성장과 동반해서 나타나는 경우가 많아 전체적으로 물가가 올라가는 현상인 데 비해 스태그플레이션은 마치 머피의 법칙처럼 나쁜 일만 생기는 것. 임금은 줄었는데 물가는 오르는 고통을 감내해야 하는 것이다. 사실상 이러한 스태그플레이션에서 벗어나기 위한 방법으로는 기술혁신밖에 없는 듯. 기술혁신에 따른 생산성 증대는 상품 생산원가를 감소시켜 상품 가격 인하를 가져오고, 가격이 하락하면 수요가 증대해 상품 재고가 줄어들고 공장이 다시 돌아가면서 일자리가 늘어난다. 일자리가 늘어나면 상품 생산이 활발해지고 경기가 회복되는 것.

그런데 현실은 그렇지 않고, 오히려 실질적인 경제위기로 치닫고 있으니, 그것이 바로 리세션(recession), 즉 경기침체다. 그리고 리세션이 길어지면서 나타나는 현상이 물가가 지속적으로 하락하는 디플레이션. 디플레이션이 진행되면 주식은 휴지조각이 되고 부동산은 폭락하며 실업자들이 대거 양산된다. 우리 경제는 지금 어디에 와 있는 걸까?

'골디락스(goldilocks)'란? 경제가 성장세를 보이는데도 물가가 오르지 않는 참으로 바람직한 경제상황. 동화 《골디락스와 곰 세 마리》에서 유래한 말.

믿을 만한 국가 간의 자국 돈 맞바꾸기

통화스와프란 통화를 교환(swap)한다는 뜻. 두 거래 당사자가 약정된 환율에 따라 일정한 시점에서 통화를 서로 교환하는 외환거래를 가리킨다. 금융시장에서 이런 거래가 필요한 이유는 환율변동에 따른 위험을 줄이려고 하는 사람이나 기업들이 있기 때문.

사실 통화스와프는 2008년 가을 글로벌 위기 전까지는 일반인에겐 생소한 단어였던 것이 금융위기 덕분에 일상용어처럼 된 금융용어다. 당시 '한미통화스와프'가 연일 신문지상의 헤드라인을 장식했던 것. 따라서 보통사람에게 친숙한 통화스와프는 국가 간 통화스와프 협정을 의미한다. 이 협정은 두 나라가 자국통화를 상대국 통화와 맞교환하는 방식으로, 외환위기가 발생하면 자국통화를 상대국에 맡기고 외국통화를 단기 차입하는 중앙은행 간 신용계약. 이 협정을 체결하면 어느 한쪽 국가가 외환위기에 빠질 경우 다른 한쪽이 미 달러화 등 외화를 즉각 융통해준다.

2008년 10월 한국과 미국이 체결한 300억 달러 규모의 한미 통화 스와프는 당시 달러기근에 시달리던 국내 외화자금 시장의 숨통을 틔우고 시장을 일시에 안정시킨 바 있다. 이처럼 국가 간 통화스와프의 목적은 안정적인 상대국 통화(달러)를 사용해 협약을 맺은 국가의 통화가치를 안정시키는 데 그 일차적인 목적이 있으며, 통상 협정 기간은 3~6개월. 한미 통화스와프의 경우 체결기간이 2010년 2월까지 지속되기도 했다. 통화를 맞바꾼다고 하지만 물론 공짜는 아니다. 당연히 이자를 내야 하는 것으로, 이는 한국은행이 미국의 중앙은행 격인 FRB에 300억 달러를 인출한도로 마이너스통장을 만든 것과 같다.

그렇다면 당시 미국은 선선히 돈을 맞바꿔준 것일까? 한미통화스와프는 우리나라로서는 실리를 챙기고 미국으로서는 명분을 챙긴 사안. 미국 입장에서는 미국 국채 상당 부분을 외환보유고로 가지고 있는 우리나라 요구를 무시할 수 없었을 테고, 또 기축통화로서 달러의 자존심을 지킨 것일 수도.

😊 **한 가지 더**

기축통화란? 달러화나 유로화처럼 국제적 결제나 금융거래에 기본이 되는 통화. 국제통화라고도 한다.

인간 욕망이 불러온
경제시스템 붕괴

미국에서 일시불로 집을 사는 사람은 거의 없다. 먼저 집값 일부만 지불하고 나머지는 집을 담보로 대출받은 돈으로 충당한다. 주택금융기관이 주택을 담보로 대출해줄 때 설정한 주택 담보권 또는 주택담보증서를 모기지라고 하고, 이러한 주택담보대출을 모기지론이라 한다.

금융기관 입장에서는 빌려준 돈을 제대로 돌려받는 일이 중요하기 때문에 대출자의 등급을 까다롭게 규정하기 마련인데, 미국의 주택담보대출은 프라임(prime), 알트-A(Alternative A), 서브프라임 3등급으로 구분된다. 프라임 등급은 신용도가 좋은 개인을 상대로, 알트-A는 중간 정도, 서브프라임은 신용도가 일정 기준 이하인 저소득층을 상대로 한 주택담보대출을 말한다. 이 중에서 서브프라임 등급은 부실 위험이 있기 때문에 프라임 등급보다 대출 금리가 2~4% 정도 높은 게 일반적. 그러니까 서브프라임모기지론이라 하면 신용도가 일정 기준 이하인 저소득층을 상대로 한 미국의 주택

담보대출을 말한다.

금융회사가 이렇게 신용도 낮은 사람에게도 '묻지도 따지지도 않고' 대출을 해준 중요한 배경은 주택가격 상승이었다. 집값이 계속 오르고 있기 때문에 서브프라임 대출자가 설령 경제상황이 안 좋아지더라도 상승한 집값을 담보로 추가 융자를 받거나 집을 팔아 대출금을 상환할 수 있으므로 서브프라임 대출 또한 문제가 되지 않았던 것. 하지만 2006년 6월부터 주택 가격은 갑자기 곤두박질치기 시작했고 과도하게 빚을 진 주택 소유자는 주택을 담보로 받은 대출금 상환이 불가능해지면서 그야말로 서브프라임모기지론 '사태'가 벌어진 것.

그런데 사실상 이 사태의 본질은 부동산이 아니다. 무분별한 부동산 대출을 기반으로 만들어진 금융기관들의 파생상품이 문제였던 것. 그 파장은 실로 복잡하고 다양해서 끝을 모르고 일파만파 퍼졌으며 이로 인한 금융위기는 결국 미국경제를 뒤흔들었을 뿐만 아니라 궁극적으로 전 세계로 번지게 되었으니. 경제 안전성을 무시하고 모두가 조금 더 큰 이익을 좇아 달려간 것이 결국 엄청난 경제 참사를 야기했던 것이다.

한 가지 더

'피스잼(PeaceJam)'이라는 지구적 시민 조직은 '지구적으로 생각하고 지역적으로 행동하라'는 행동강령을 갖고 있다. 우리 일상은 세계경제와 결코 무관하지 않음.

과연 행복은 어디에서 오는 걸까?

영국에 본부를 둔 유럽 신경제재단(NEF) 이 2010년 국가별로 행복지수를 조사했다. 행복지수란 자신이 얼마나 행복한가를 스스로 측정하는 지수. 어느 나라가 가장 행복한 사람들로 넘쳐났을까? 그 1위는 바로 부탄. 1인당 국내총생산이 2000달러에도 미치지 못하는 부탄은 응답한 국민 가운데 97%가 행복하다고 답변했던 것. 실로 놀라운 수치다.

히말라야 산맥 동쪽에 자리잡아 주변이 온통 산으로 둘러싸인 부탄은 인구가 100만 명도 안 되는 왕국. 1972년 당시 국왕은 국민들이 물질적 풍요와 전통적 가치를 보존하는 국가에서 살 수 있는 경제를 국정목표로 설정했는데, 그는 이러한 후생지표를 국민총행복이라고 명명하고 부탄왕국은 국민총생산에서 벗어나 국민총행복을 추구할 것을 역설했다. 이에 따라 부탄정부가 국민의 행복 증진을 위해 설정한 목표는 성장보다는 지속 가능한 경제발전, 환경 보호, 문화 진흥, 그리고 좋은 통치였으니.

이제껏 GDP(국내총생산)는 한 국가의 경제 활동을 살펴보는 지표로 폭넓게 활용돼왔으나 경제 활동의 양을 단순히 계산해 환경 악화 등 경제적 외부효과나 삶의 질을 반영하지 못한다는 비판을 받아왔다. 이 때문에 GDP를 대체할 지표로 삶의 질과 지속 가능한 발전을 담은 새로운 지표를 만들자는 주장이 지속적으로 제기돼왔으니, 성장을 대신하는 새로운 후생지표로서 세계의 관심을 끌고 있는 것이 바로 행복지수다. 물론 삶의 질이나 행복을 객관적으로 계량화하는 것이 어려울 수는 있으나 통계적으로 수치화하는 것은 충분히 가능한 일.

부탄에서 시간은 앞으로만 흐르지 않는다. 부탄 사람들은 부단히 앞으로 나아가는 삶, 개발중심의 삶을 추구하지 않고 돌고 도는 자연의 순환을 거스르지 않는 생태적 삶을 살아간다. 물론 그들이 믿는 환생이 그러한 삶을 가능하게 만들었을 텐데, 그래서 저리 행복하니 얼마나 좋은 일인가.

그렇다면 우리나라 행복지수는 몇 위였을까? 부탄에 비해 1인당 국내총생산이 10배나 높은 대한민국은 143개국 가운데 68위에 그쳤다.

한 가지 더

헬레나 노르베르 호지가 쓴 책 《오래된 미래》는 인도 북부 지역의 작은 마을 라다크의 '행복'을 역설한 책.

세계경제를 지배하는 최강 오일파워

1970년대 전 세계인을 공포로 몰아간 두 번의 쇼킹한 사건이 있었으니, 그것이 오일쇼크다. 지금처럼 산업화된 사회에서 석유 없는 세상은 상상할 수도 없는 일일진대, 아랍 산유국들이 석유를 무기화해 석유 공급을 중단한다면 우리나라처럼 석유 한 방울 나지 않는 나라는 엄청난 타격을 받을 수밖에.

제1차 오일쇼크는 1973년에 터졌다. 10월 6일부터 시작된 중동전쟁(아랍이스라엘분쟁)시 미국 등 서방국가들이 이스라엘 편을 들자 그렇지 않아도 석유판매에 불만을 가지고 있던 OPEC(석유수출국기구)는 중동전쟁에서 석유를 정치적인 무기로 사용할 것을 선언한다. 그리하여 미국과 친이스라엘 국가들에 석유수출을 전면 금지한 것이 제1차 오일쇼크인 것.

석유에 기간산업 대부분을 의존하는 서방세계 경제는 석유부족으로 인한 제품생산 부족과 제품가격 상승으로 세계적인 불황과 인플레이션을 만연시켰으니, 석유 부족으로 세계 경제가 그야말로 휘청

했다. 이로써 서방세계는 할 수 없이 외교정책을 친이스라엘에서 친아랍 중동정책으로 바꾸었고, 한편 OPEC는 국제석유자본이 독점하던 원유가격의 결정권을 장악하게 되었던 것.

그리고 1979년 세계 제2위 산유국인 이란의 정치적 혁명 여파로 제2차 오일쇼크가 발생했다. 이로써 석유수출이 또 전면 중단. 제1차 쇼크 때의 참담했던 기억을 떠올리며 석유 소비국들은 가능한 석유 확보에 진땀을 흘렸으니, 이때도 세계경제는 경기침체와 물가상승, 경제성장률 둔화라는 쓴맛을 봐야 했다.

앞으로 석유파동은 이전처럼 충격적 형태로 일어나지는 않을 것이나, 석유파동 재연의 가능성은 남아 있다. 2008년 초에는 원유가격 폭등으로 제3차 오일쇼크 직전까지 가기도 했는데, 이러한 고유가의 원인은 공급 제한이 아닌 수요 급증에 있는 것으로, 고유가 현상은 장기간 지속될 가능성이 높다. 즉 제3차 석유파동의 위험이 잠재되어 있는 것이다. 때문에 기존의 노력에 더해 에너지 원(□)단위를 줄이고 에너지 효율을 높이는 기술개발에 대한 투자와 노력이 절실한 것.

한 가지 더

에너지원단위란? 한 국가 경제의 에너지효율성을 나타내는 척도로, GDP당 에너지 소비량으로 표시.

빚을 지렛대삼아 수익률 극대화를 꾀하다

그리스의 철학자이자 수학자였던 아르키메데스는 "긴 지렛대(레버리지)와 지렛목만 있으면 지구라도 움직여 보이겠다"고 장담한 바 있다. 지렛대를 이용하면 힘의 크기를 줄일 수 있어 적은 힘으로도 큰일을 할 수 있는 것. 경제에서 말하는 '레버리지 효과'란 바로 과학에서 말하는 지레의 원리와 같다. 지레 원리를 모르고서는 오늘날 정글경제의 기업 자본구조와 투자전략을 이해할 수 없을 정도. 즉 레버리지 효과는 타인으로부터 빌린 자본을 지렛대 삼아 자기자본이익률을 높이는 것을 말한다. 결국 아르키메데스는 금융공학의 원조인 셈.

예를 들어보자. 100억 원의 자기자본으로 10억 원의 순익을 올리게 되면 자기자본이익률은 10%가 되지만, 자기자본 50억 원에 타인자본 50억 원을 빌려 10억 원의 순익을 올리게 되면 자기자본이익률은 20%가 된다. 그렇다면 너도 나도 빚을 내 자기자본이익률을 높이려 하지 않겠는가. 이렇듯 레버리지에 대한 지나친 탐닉은 거대한

빚더미가 되어 오늘날 경제를 짓누르고 있는 것.

타인자본을 사용하는 데 드는 금리비용보다 높은 수익률이 기대되는 경우에는 타인자본을 적극적으로 활용하는 것이 유리하지만 타인자본을 과도하게 도입하면 경기가 어려울 때 금리부담으로 인한 도산 위험이 높아진다.

글로벌 금융위기를 보자. 그 중심에 있는 미국 투자은행들의 레버리지전략은 실로 엄청났다. 2007년 말 미국 5대 투자은행들은 자기자본의 30배가 넘는 자산을 갖고 있었으니, 총자산에서 자기자본을 뺀 나머지는 모두가 빚이었던 것. 자산가치가 조금만 떨어져도 자기자본은 한 푼도 남지 않는 매우 위험한 구조였다. 따라서 경기가 나빠지니, 수익률이 아닌 위험성이 극단화된 것.

이제 저금리가 부추긴 레버리지에 대한 환상이 깨지면서 차츰 빚의 무게를 줄여가는 디레버리징 시기가 도래했다. 그런데 이는 더욱 심각한 경기침체현상을 불러오는바, 아무래도 지레의 원리는 과학에만 적용되었어야 했지 않았을까?

디레버리징 패러독스란? 경제주체들이 빚을 줄이는 데만 집중해 나머지 수요기반이 무너져 경기회복의 발목을 잡는 현상.

귀하신 몸, 금만한 것이 어디 있으랴

반짝거리는 '금'이 세계 화폐의 중심이 되는 체제가 금본위제. 금이 곧 화폐인 것으로, 금 본위제의 초기 형태는 중앙은행이 화폐를 금화로 발행해 시장에 실제로 유통시키는 것이었다. 그러나 생각해보라. 금속화폐가 얼마나 무거웠겠는가. 이에 운반이 불편하고 도난 위험성이 높다는 단점을 보완하고자 금지금 본위제가 나타났는데, 이는 중앙은행이 금화 대신 금화와 같은 가치의 지폐와 보조화폐를 발행하는 제도. 중앙은행이 발행한 지폐인 은행권을 금으로 교환하는 것을 금태환이라 하고, 이 은행권을 태환 화폐라고 한다.

18세기 영국이 공식적으로 금본위제를 채택한 이후 세계대공황 이전까지 대부분의 산업국가들이 이러한 금본위제 하에서 화폐발행을 해왔는데, 국제교역 규모가 크지 않았던 시절에는 금본위제가 상당히 유용한 국제결제 시스템 역할을 했다. 하지만 영국을 중심으로 한 국제금본위제도는 제1차 세계대전이 막을 내리면서 서서히

파탄의 조짐을 드러냈으니, 전쟁 비용을 마
런하느라 각국이 돈을 너무 많이 찍어낸
것이 문제였다. 결국 1931년 영국은 더 이
상 파운드화를 가져와도 바꿔줄 금이 없
다며 금본위제를 정지시켰고, 이에 다른 나

라도 잇달아 영향을 받았으며, 미국도 1933년 전격적으로 이를 폐
지하기에 이른다.

그리고 금의 빈자리를 대신해 세력을 과시한 것이 바로 '달러'. 달
러는 전 세계 기축통화로서 기세등등한 지위를 누리게 되었는데.

그런데 글로벌 금융위기 이후 달러의 위상 또한 곤두박질치고 있
는 실정인 반면 금은 예전의 위상을 급속도로 되찾아가고 있다. 국
제통화로서 다시 인정받지는 못하지만 금은 여전히 각국의 외환보
유액 중 중요한 축을 차지하고 있는 것. 금융위기 이후 각국 중앙
은행들이 금 사재기에 나서고 있으며, 심지어 금본위제 부활에 대
한 목소리가 여기저기 나오면서 금은 본래의 영광을 되찾고 있다.

😊◀ **한 가지 더**

국제결제은행(BIS)이란? 각 나라 중앙은행 간의 협조를 증진하고 국제금융 안정을 위해 설립
된 국제기구. 은행 건전성 확보 차원에서 자기자본비율을 규제함.

공급과 수요, 어느 것이 우선일까?

'공급은 스스로 수요를 창조한다'는 법칙. '판로설'이라고도 한다. 19세기 초반 프랑스의 경제학자 세이가 주장한 것으로, 그는 경제가 불균형(수급불일치) 상태에 처하더라도 이는 일시적인 현상에 불과하며, 장기적으로는 수요가 공급 수준에 맞추어 자율적으로 조정되기에 경제는 항상 균형을 유지할 수 있다고 주장했다. 이는 고전학파 이론의 중심으로, 이 이론에 따르면 생산된 것이 판매되지 않아서 기업들이 휴업하고 따라서 실업이 발생하는 사태는 이론상 있을 수 없다. 총공급의 크기가 총수요의 크기를 결정하기 때문에 총공급과 총수요는 언제나 일치하고 따라서 항상 완전고용이 달성된다는 것.

세이와 함께 다른 고전학파 경제학자들은 생산행위 자체가 생산되어 있는 기존 상품들을 구매할 수 있는 소득이라고 주장했으니, 즉 생산된 상품과 서비스 판매로 얻어진 수입은 다시 임금, 이자 및 이윤으로 배분(총소득)된다. 세이는 총소득이 공급된 모든 상품의 구매에 지출된다고 믿었고, 따라서 공급된 상품은 모두 판매되므로 공급이 수요를 창출하는 것이다.

하지만 1930년대의 대공황 때 공급된 것이 판매되지 않아 공장들이 문을 닫게 되고 대량 실업과 대량 유휴설비가 발생했는데 고전파 이론은 이를 설명할 수 없었다. 이에 케인스는 세이의 법칙을 비판하고 이와 정반대로 총수요의 크기가 총공급을 결정한다는 '유효수요의 원리'를 주장했다. 케인스는 총수요가 총공급에 미치지 못하는 경우가 장기적으로 존재해 경기침체와 공황을 초래할 수 있는 가능성을 강조했던 것.

그런데 한물 간 줄 알았던 세이의 법칙은 1970년대 중반 이후 케인스 경제학이 다소 주춤거리자 다시 경제학에서 그 위상을 확보했으니, 오늘날에도 이러한 생각을 '신자유주의'라는 이름으로 굳게 신봉하는 사람들이 있다. 얼마 전 타계한 스티브 잡스의 경력이 세이의 법칙을 증명한다고도 하는데, 예를 들어 애플이 아이팟을 개발하기 전까지 미국인들은 그들에게 필요한 것을 몰랐다는 것. 하지만 이것은 개인의 창조성을 강조한 수사일 뿐, 지금의 경제위기에서 과연 이 법칙이 유효한지는 여전히 의문이다.

한 가지 더

'슈바베의 법칙'이란? 소득 증가에 따라 주거비 지출은 증가하지만, 이것이 소비지출 중 차지하는 비중은 점차 작아진다는 경험법칙.

'나만을 위한 최선'들의 공멸

여기 두 명의 죄수가 있다. 두 명의 죄수는 각각 따로 조사를 받는데 모두 범행을 부인할 경우 결국 완전한 혐의를 입증하기 어려워 경미한 처벌을 받게 되지만 둘 다 자백할 경우 혐의가 모두 드러남으로써 무거운 처벌을 받게 된다. 그런데 이때 조사를 담당하는 검사가 한 사람만 자백할 경우 자백한 사람은 풀어줄 것이나 끝까지 범행을 부인한 사람은 더욱 무거운 처벌을 받을 것이라고 죄수들에게 알려주었다. 그렇다면 이때 각 죄수들이 택할 수 있는 최선의 행동은 무엇일까?

죄수 1은 죄수 2가 자백하는 경우와 범행을 부인하는 경우 두 가지 가능성을 생각할 것이다. 우선 죄수 2가 자백 가능성이 있는 경우 죄수 1도 자백하는 것이 유리하다. 괜히 혼자 범행을 부인하다가 더욱 무거운 처벌을 받을 수 있기 때문. 그리고 죄수 2가 범행 부인 가능성이 있는 경우 죄수 1은 공범을 배신하고 범행을 자백해 풀려나는 것이 유리하다. 따라서 죄수 1은 죄수 2가 어떤 행동을 하든 상관없이 자백하는 것이 최선의 행동. 물론 죄수 2에게도 상황은 마찬가지. 조사를 받기 전에는 둘 다 자백하지 말자고 굳게 약속했겠지만 결국 둘 다 자백할 수밖에 없게 된 것. 이것이 죄수의 딜레마다.

즉 죄수의 딜레마란 각자 자신의 이익을 위해 최선의 방법을 선택하더라도 서로 협력하지 않는 상황에서는 모두에게 이익은커녕 자신에게도 불리한 결과가 발생하는 상황을 일컫는다. 사실상 우리 사회에서는 이와 같은 상황이 많이 일어나는데, 예를 들어 두 기업이 판촉경쟁을 벌이는 경우, A기업이 광고를 확대하면 경쟁사 B기업 또한 고객 이동을 염려해 마찬가지로 광고를 확대할 것이므로 결국 두 기업 모두 과대광고를 하고 손실을 보게 되는 것.

그런데 왜 우리는 모두 남을 엿 먹이고 나의 이익만을 추구하는 '죄수'로 간주되어야 하는가. 죄수들의 사회는 결국 공멸의 길로 접어들 뿐이니, 나도 남도 모두 함께 훨씬 더 이로운 결과를 낳는 경우의 수를 늘려야만 하지 않을까?

한 가지 더

'내쉬균형이론'이란? 게임에 참가한 사람들은 그들이 선택할 수 있는 가장 최선의 안을 선택하지 않고 단지 최악이 아닌 선택을 한다는 이론.

시장경제체제 유지를 위한 최소한의 비용

'생존임금'이라 하면 노동자가 자신의 노동력을 보존하고 가족을 부양함으로써 노동력을 재생산할 수 있는 수준의 임금을 뜻한다. 그리고 생존임금에 더해 자식들 교육과 최소한의 문화수준을 누릴 수 있는 임금이 '생활임금'. 그런데 실제 노동자의 임금이 생활임금이나 생존임금에도 미치지 못하는 수준이라면?

정부가 노동자들 임금의 최저 수준을 시장 균형임금 이상의 일정 수준으로 보장하기 위해 설정한 임금이 최저임금이다. 따라서 최저임금제도는 빈곤 퇴치와 소득 불평등 완화에 기여할 수 있는 것.

최저임금제는 1894년 뉴질랜드에서 최초로 채택되었고, 우리나라는 헌법 제32조 "국가는 법률이 정하는 바에 의하여 최저임금제를 시행하여야 한다"는 근거규정에 입각해 1986년 제정, 1988년부터 시행하고 있다.

그런데 최저임금제는 이미 일자리를 얻은 사람에게는 유리하지

만 이로 인해 일자리를 잃거나 얻지 못하는 사람에게는 불리한 제도
다. 최저임금제에 대한 사회적 논쟁은 바로 이 때문에 발생하는데.

최저임금제를 옹호하는 입장에서는 저소득 노동계층의 소득을 향
상시킬 수 있는 하나의 방법이라는 점을 주장하며, 실업의 부작용
보다는 장점이 더 많다고 말한다. 그리고 반대 입장에서는 이 정책
이 빈곤 퇴치용 최선의 방책이 아니라고 주장, 최저임금이 높아지
면 실업이 발생하게 되고, 최저임금을 받는 사람들이 모두 빈곤 가
정 근로자들이 아니기 때문에 오히려 미숙련 근로자들에게 필요한
직장 훈련 기회를 박탈할 수 있다는 등의 문제를 제기한다. 이에 따
라 정부는 빈곤층의 최저생활을 위해 최저임금제의 필요성을 느끼
지만 오히려 실업이 유발되는 결과를 초래할 수 있기 때문에 경제상
황에 따라 신중한 선택을 해야 하는 딜레마에 직면하게 되는 것. 이
것이 최저임금제 딜레마.

하지만 현재 최저임금제는 최대 다수가 복지를 누릴 수 있는 보
다 나은 사회로 가는 데 필요한 최소한의 사회적 장치라는 의견이
우세하다.

😊 한 가지 더

노동자와 사용자 그리고 공익위원으로 이루어진 최저임금위원회는 매년 5월 다음해 최저임
금을 발표한다. 2013년 최저임금은 시간급 4860원.

'보다 더 큰 이익'을 위한, 글로벌한 투자 기업

2012년 초 국제환경단체인 그린피스가 주관하는 '공공의 눈' 온라인 투표에서 삼성이 '세계 최악의 기업' 3위에 오르는 불명예를 안았다. 전 세계 NGO가 참여해 수상하는 '공공의 눈' 시상은 매년 이윤만을 목표로 부도덕하게 경영해온 다국적기업을 선정하는 것인데, 삼성은 유독성 물질 사용으로 이 상을 받게 된 것. 1위는 아마존에 댐을 건설하면서 원주민 4만 명을 몰아낸 브라질 광산업체 '발레'가 차지했고, 2위는 일본 후쿠시마 원전 참사의 원인을 제공한 도쿄전력이다. 물론 삼성은 이에 대해 '세계적 수준의 환경·안전·건강 시설을 유지하고 있다'며 억울함을 호소했다.

여기서 '공공의 눈'이라 함은 다국적기업의 사회적 책임을 묻고 따지는 '눈'이라 하겠다. 그렇다면 다국적기업이란 무엇인가? 세계 각지에 자회사·지사·합병회사·공장 등을 확보해 생산·판매활동과 경영의사결정을 국제적 규모로 수행하는 기업을 의미한다. 세계

기업, 초국적기업이라고도 한다. 코카콜라, GM, IBM, 바이엘 등이 대표적 예다.

다국적기업은 국제 직접투자의 한 형태로 단순히 해외에 지점 또는 자회사를 두는 것이 아니라 현지국적을 획득한 현지법인으로서의 제조공장 또는 판매회사를 가지고 있다. 그리하여 현지 실정에 맞게 모회사 전략을 수정해 움직이고, 거대조직 차원에서 자본·인적자원·기술자원을 공급하는 국제적인 조직망을 가진다. 이는 한편으로 현지화기업이라고도 하는데, 한국의 초코파이가 중국에서 '좋은친구들'이 된 것은 그 시장의 소비자 욕구에 맞춘 것이다.

이들 다국적기업은 세계의 여러 자원을 효율적으로 사용해서 생산활동을 행하고 고도의 경영관리기능과 기술개발, 적극적인 시장개척 등을 통해 국가 간 상호의존관계를 강화하며 기술이전을 촉진시킨다는 긍정적인 면이 있는 반면, 물질 중심의 세계화가 가져오는 빈부격차 등 그 폐해 또한 만만치 않게 거론되고 있다.

따라서 현재 그 폐해를 줄이는 하나의 방편으로 다국적기업의 사회적 책임을 크게 요구하고 있는 것. 이익이 큰 만큼 책임을 크게 느껴야 하는 것은 당연한 일 아니겠는가.

한 가지 더

'사회적 기업'이란? 이윤이 아닌 사회적 목적을 추구하며 영리 활동을 하는 기업.

오픈 프라이스   open price

열린 가격, 그러나 알 수 없는 가격?

원래 물건 판매가격은 제조업자가 정하는 것이었다. 이것이 이른바 권장소비자가격 제도였는데, 이와 달리 최종 판매업자가 실제 판매가격을 결정하고 표시하는 가격제도가 '오픈 프라이스' 제도다. 판매가격표시제라고도 한다. 이 제도는 공장도가, 권장소비자가, 판매가 등으로 나뉜 가격표시체계를 하나로 통일해 소비자들의 혼란을 줄이고 실제 판매가보다 부풀려 소비자가격을 표시한 뒤 할인해주는 기존 할인판매의 폐단을 근절시키기 위해 만들어졌다.

이로써 제조업체는 유통업체에 물건을 납품할 때 납품가격만 동일하게 주고 최종 판매가격은 간섭하지 않는다. 판매가격은 유통업체 마음대로가 된 것. 따라서 매장에선 '권장소비자가'니 '공장도가'니 하는 것을 표시할 수 없고, 아울러 소비자가 대비 '50% 할인' 등의 세일공세도 벌일 수 없게 된다. 우리나라에서는 1997년 화장품 가격에 처음 실시되었는데, 그 동안 화장품업계는 제조업체가 권장소비자가격을 표시해야 한다는 법규를 악용해 극심한 할인경쟁을 벌인 결과, 제조업체와 유통업체의 경영난은 물론 소비자들이 국산화장품을 외면하는 결과를 가져왔던 것.

오픈 프라이스가 시행됨으로써 제조업자는 가격을 편법으로 인상할 필요가 없어지며, 그 결과 제품의 라이프사이클이 길어져 업체의 비능률적인 요소가 제거되고 화장품 가격에 대한 소비자들의 불신도 사라졌다. 유통업체 간의 경쟁을 촉진시켜 상품가격 또한 전반적으로 낮아졌으며, 같은 상품이라도 유통업체별로 가격 차이가 드러나 알뜰 소비가 가능해진 것도 장점. 이후 오픈 프라이스 제도는 화장품에서 의약품으로 확대됐고, 1999년부터 TV, 오디오, 세탁기 등 가전제품과 의류, 러닝머신, 운동화 등 공산품 12품목에 대해 실시되고 있다.

반면, 권장소비자가격이 붙지 않음에 따라 기준가격을 알 수 없어 혼란스러운 면도 있다. 2010년 7월부터는 라면·과자·빙과류·아이스크림 등 4가지 가공식품을 추가, 적용품목을 279개로 늘렸는데, 이는 오히려 소비자들 혼란만 부추겨 1년 만에 오픈 프라이스 대상에서 제외되기도. 소비자들이 가격비교 정보를 손쉽게 얻기 힘들다는 현실도 오픈 프라이스 제도와 합리적 소비행태 정착에 걸림돌로 작용한 것이다.

한 가지 더

'페어 프라이스(fair price)'란? 적정가격, 파는 사람이나 사는 사람 모두에게 손해가 안 되는 가격.

이것이야말로 국가성장의 진정한 뿌리!

"사람이 교류할 수 있도록 도와주는 다양한 가치와 사회적 네트워크, 그에 따른 참여 활동." 에릭 우슬라이너 메릴랜드대 정치학과 교수는 '사회적 자본'을 이렇게 정의했다. 또한 사회적 자본을 "바람직한 거래나 교환을 촉진하는 모든 요소"라고 설명하기도 한다.

사회적 자본이란 대체로 사회 구성원들이 서로 힘을 모아 공동 목표를 효율적으로 추구할 수 있게 하는 자본을 말한다. 사람과 사람 간의 협력과 사회적 거래를 촉진시키는 모든 신뢰, 규범 등의 사회적 자산을 포함한 사회적 조직의 특성이라 하겠다.

사실상 사회적 자본은 사용 맥락에 따라 그 뜻이 다채롭게 살아 움직이는 개념이다. 세상의 모든 좋은 것을 다 사회적 자본이라고 말하는 사람도 있다. 미국의 경제학자 헨리 조지는 "최고의 능률은 정의에서 나온다"고 했는데, 여기서의 '정의'를 사회적 자본이라고도 할 수 있는 것. 즉 국가의 힘은 경제력이 아닌 사회적 자본의 힘에서 나오는 것이라고도 할 수 있는바, 사회적 자본이란 지금 시대에 다른 어떤 자본보다 필요한 자본이다. 현대 자본주의 사회에서의 '상생'의 가치를 담보하는 역할을 하기 때문이다.

성장이라는 일방적 가치를 넘어 사람들이 보다 행복한 사회, 국민 개개인이 자부심을 느끼는 성숙한 사회로 나아가기 위한 전제조건이 바로 제3의 자본이라 불리는 '사회적 자본'이다.

그런데 돈이나 땅과 같은 경제적 자본은 그 실체가 명확하고 인적, 문화적 자본은 교육 등을 통해 성취되는 개념이지만 사회적 자본이란 한 사람에게서 다른 사람에게로 전달되기가 실로 어려운 개념이다. 현재 사회적 자본의 핵심 키워드로 등장한 것이 '신뢰', '소통', '협력'일진대, 눈에 보이지 않는 이러한 가치를 공유하기가 쉽지 않은 것이다.

하지만 현재 대한민국에서 신뢰와 소통, 협력에 기반한 사회적 역량인 '사회적 자본'이 해야 할 역할은 상당하다. 사회경제적 약자에 대한 배려, 더 큰 '우리'를 위한 협력, 이해관계 충돌로 발생하는 다양한 사회적 갈등을 유연하게 해결할 수 있는 소통 역량의 강화가 무엇보다 절실함은 누구나 느끼고 있지 않은가.

😊 **한 가지 더**

'에로틱 캐피털'이란? 사회적 자본과 더불어 개인이 가질 수 있는 제4의 자본. 즉 아름다움을 말한다.

그 무엇도 정치적이지 않은 것은 없다

인간은 태어나는 그 순간부터
정치적인 동물이다.

아리스토텔레스

불합리의 극치를 보여주는 한미 간 협정

때는 1995년, 일본 오키나와 주둔 미해병 3명이 여중생을 성폭행하는 일이 벌어졌다. 당시 분노한 오키나와 주민들은 기지철거를 요구했고 일본 각지에서는 반미집회가 이어져 미군 만행을 규탄했으니, 결국 당시 빌 클린턴 미 대통령은 일본국민에게 정중히 사과하고 극악한 범죄를 저지른 미군 피의자를 기소 전 일본 경찰에 넘긴다는 내용의 미·일 합의가 이루어졌다.

그리고 2011년, 대한민국 동두천과 서울에서 여고생이 잇달아 미군에 성폭행을 당했지만 지금까지 피의자 신병확보도 못한 실정. 국민들도, 정부도 조용하다. 다만 지역 시민단체 및 여성단체가 소규모 규탄집회를 벌이고 있을 뿐.

여기서 오키나와와 동두천의 차이는 무엇일까? 우리는 왜 미국정부의 사과를 받을 수 없는 걸까? 대한민국 땅에서 저질러지는 미군의 흉악범죄는 나날이 증가 추세에 있으나 처벌 방법이 마땅치 않은 것이 대한민국의 현실. 이 우울한 불합리의 근원에 한미 주둔군 지위협정(SOFA)이 있다. 소파란 주한미군에 관한 한미 간 협정을 말하는 것.

형사재판권을 규정한 SOFA 조항은 살인 등 주요범죄를 저지른 미군 피의자를 경찰 초동수사단계가 아닌 검찰기소 이후에야 미군으로부터 신병을 인도받을 수 있고, 살인과 강간 등 흉악범도 현장체포 때만 구금할 수 있도록 하고 있다. 이런 조항은 초기 수사를 어렵게 해 증거인멸 가능성이 있을 뿐만 아니라 피의자가 자칫 미국으로 도주해도 막을 길이 없다. 또한 미군은 수사과정에서 가해 미군의 권리가 조금이라도 침해된다고 판단하면 우리측 구금 요청에 응하지 않아도 되고 미국이 재판권을 넘기라고 요구하면 아주 특별한 경우를 제외하고는 미군 범죄자에 대한 재판권도 포기해야 한다.

사실상 너무나도 한쪽 편의 이익에 충실한, 지나치게 불균형한 법조항 아닌가. 하지만 미군측은 SOFA 개정에 대해 다른 나라에 주둔하는 미군 관련 규정에 모두 영향을 미치는 문제라며 계속 반대 입장이라는데. 분명, 불합리한 소파 조항 개정에 대한 우리 모두의 '열의' 만이 우리를 지킬 수 있을 것이다.

한 가지 더

여성의 의사결정권을 비롯해 여러 지수로 미뤄볼 때 여성의 힘이 가장 센 나라 3개국은? 바로 노르웨이, 아이슬란드, 스웨덴.

모든 것이 지문으로 관리되는 사회

‘모두 다 본다’는 뜻의 팬옵티콘은 1791년 영국의 철학자 제러미 벤담이 죄수를 효과적으로 감시할 목적으로 고안한 원형 감옥을 말한다. 이 감옥은 중앙의 원형공간에 높은 감시탑을 세우고, 중앙 감시탑 바깥의 원 둘레를 따라 죄수들 방을 만들도록 설계되었다. 또 중앙 감시탑은 늘 어둡게 하고 죄수 방은 밝게 해 중앙에서 감시하는 감시자 시선이 어디로 향하는지 죄수들이 알 수 없도록 되어 있다. 따라서 죄수들은 자신들이 늘 감시받고 있다는 느낌을 가지게 되고, 결국 죄수들이 규율과 감시를 내면화해서 스스로를 감시하게 된다는 것.

이 팬옵티콘의 감시원리가 진화한 이론이 바로 ‘팬옵티시즘’. 프랑스 철학자 미셸 푸코가 《감시와 처벌》에서 주장했다. 즉 “팬옵티콘의 감시체계 원리가 사회 전반으로 파고들어 사회규범 자체가 팬옵티시즘으로 바뀐다”는 것. 이 팬옵티콘적 세태에선 일반인이 죄수가 된다. 팬옵티시즘은 ‘완벽하고도 철저한 감시사회’라고 볼 수

 |셋째 어휘군|
그 무엇도 정치적이지 않은 것은 없다

있다. 조지 오웰의 소설 〈1984년〉을 생각하면 이해가 쉽다. 가공의 나라에서 자행되는 전체주의적 지배 양상을 묘사한 이 책에 등장하는 거의 신격화한 지도자 '빅브라더'가 이러한 감시자인 것.

일본과 미국의 경우 공항입국절차로 지문 채취제도를 시행하고 있는데, 이것 또한 팬옵티시즘. 이에 대해 많은 외국인들은 이러한 '잠재적 범죄인' 취급에 불쾌감을 토로하지만 그 나라들의 국력에 어쩔 수 없이 당해야만 하는 실정이다. 결국 효율과 인권 사이에서 고민해야 하는 것이 현재 시민사회의 딜레마인 셈.

그렇다면 우리나라는? 사실상 우리나라는 전 세계에서 찾아볼 수 없는 희귀한 제도를 갖고 있다. 바로 주민등록법. 17세 이상의 전 국민 열 손가락 지문을 채취해 관리하고 있는 것. 이것은 너무도 익숙해 어떤 문제의식을 갖기가 오히려 힘들 정도인데, 인권운동단체에서는 이에 대한 문제제기를 지속적으로 하고 있다. 과연 개인정보 보호라는 인권적 측면과 정부기관의 효율적 정보관리는 어느 수준에서 조율되어야 하는 걸까?

한 가지 더

진화의 속도가 빛과 같은 휴대전화 또한 나를 구속시키고 감시하는 첨단의 팬옵티콘으로 작동하는 것 아닐까?

아시아만의 장점이자 단점, 그것은 유교문화?

'아시아적 가치'란 말은 실로 가치 있게 들린다. 무슨 뜻인가? 1970년대 초, 이른바 '4마리 용'으로 불리는 한국, 홍콩, 대만, 싱가포르의 고도성장 배경을 추적한 미국과 유럽의 학자들이 만들어낸 개념인 아시아적 가치란 이렇다. 가부장적이고 권위주의적이며 인치(□□)와 인정(□□) 사상에 바탕을 둔 아시아의 뿌리 깊은 유교적 전통. 이것이다. 이것이 경제성장의 배경이 되었다는 것. 사실일까?

70, 80년대 아시아의 눈부신 경제성장의 이유를 애써 찾다보니 서구세계와는 다른 아시아만의 유교문화가 '적임자'로 등장한 것인데, 이로써 당시 아시아적 가치란 '21세기에 가장 적합한 가치관'으로 호평받기도. 그러나 이에 대한 열광은 오래가지 못하고 90년대 후반 아시아 경제가 침체되면서 서구는 "아시아의 고도성장은 결국 거품이었다"고 비난하면서 아시아적 가치 또한 순식간에 빛을 잃고 만다. 그리고 아시아의 자본주의가 경제성과 합리성에 입각한 것이

아니라 이른바 정실자본주의(crony capitalism)에 바탕을 두고 있다는 주장들이 불거지는데, 여기서 정실자본주의란 말 그대로 끼리끼리, 패거리 자본주의란 뜻.

프린스턴 대학의 폴 크루그먼 교수는 공동체 중심주의와 권위주의적 위계질서가 자본주의 제도의 구축을 방해했다고 지적하면서 유교 자본주의를 비판하고 나섰으니, 자본주의 핵심인 합리주의에 배치되는 정실 자본주의가 뿌리내릴 수 있었던 토양이 바로 인간관계를 중시하는 유교 문화라는 것. 언제는 유교문화가 경제를 살렸다더니 이제 거꾸로 된 것이다.

그렇다면 실제로 우리 사회의 급속한 변화 과정에서 아시아적 가치는 어떠한 역할을 수행했을까? 정치경제적 상황이 변할 때마다 아시아적 가치는 도마 위에 올라 이리저리 요리당하는데, 그것이 긍정론이든 부정론이든 모두 결과론적 설명이라는 한계를 가질 뿐.

사실상 아시아는 세계의 어느 지역보다 넓고 민족, 종교, 문화도 다양해 '아시아적 가치'를 딱 부러지게 정의하기도 쉽진 않은데, 그것의 실재 여부를 떠나 진정한 서구문화의 대안을 마련하기 위해 우선 아시아 전체가 연대해야 함이 옳지 않겠나.

😊 **한 가지 더**

유교자본주의란? 아시아적 가치의 또 다른 표현. 아시아 경제성장국들 동력을 그 국가들의 공통된 문화 요소인 유교문화에서 찾는 이론.

강한 미국을 원하는 무적의 터미네이터

미국의 신보수주의 혹은 신보수주의자를 일컫는 말 네오콘. "야만인들로부터 민주주의를 지키는 것은 자연의 권리이자 책임"이라고 주장한 미국의 정치철학자 스트라우스가 네오콘의 이론적 대부. 이들은 힘이 곧 정의라고 믿고 군사력을 바탕으로 미국이 세계의 패권국으로 부상하는 것을 목표로 한다.

1980년대 초 레이건 정권에 합류하면서 세력을 얻은 뒤, 클린턴 정권 출범과 함께 권력에서 밀려났다가 다시 공화당 부시 정권이 들어서면서 권력의 핵심으로 등장했던 네오콘은 기존 질서를 보전하고 외교적 개입을 꺼리는 전통적 보수주의와는 사뭇 다른 과격한 면모를 보인다. 오직 힘을 바탕으로 불량국가에 대한 선제공격 등을 감행함으로써 미국이 훨씬 적극적으로 국제문제에 개입해 새로운 국제질서를 확립해야 한다고 주장하는 강경 보수파인 것.

그런데 이들은 왜 이런 생각을 갖게 된 것일까? 네오콘의 이념은 기독교 신앙에 근거하는 것으로, 기독교적 정신을 바탕으로 한 절

[셋째 어휘군]
그 무엇도 정치적이지 않은 것은 없다

대적 선과 도덕을 강조하는 것. 네오콘은 철저하게 전쟁을 선호하는 세력으로 자신들의 일방주의를 통해 아프가니스탄의 탈레반 정권을 제거했고 이라크의 후세인 정권을 제거했던 것. 그리고 이것은 시작에 불과하다고 말했으니.

사실상 네오콘은 군산복합체의 강력한 후원자로서 그들의 이념은 '군사화된 보수주의'라고도 불린다. 미국의 정계·언론계는 물론 각종 싱크탱크 등에서 큰 영향력을 행사하고 있는 이들 가운데는 특히 유대인이 많은데, 이들은 그야말로 미국에 의한 세계평화를 뜻하는 '팍스 아메리카나'여 영원하라를 외치는 군집이다.

세계 유일의 분단국가인 우리나라에서 '전쟁광' 네오콘은 어쩌면 한반도 평화를 지켜내기 위해 힘겹게 싸워야 할 상대일지도 모르는데, 현재 네오콘은 뜨고 있는 별 중국을 견제하기 위해 한반도 정책을 끊임없이 수정하고 있을 터. 우리에겐 그 무엇보다 네오콘의 실체를 정확히 아는 일이 우선되어야 할 듯.

😊 **한 가지 더**

뉴라이트란? 20세기 중·후반 이후 몇몇 국가에서 일어난 다양한 형태의 보수·우익 성향 또는 반체제적 저항운동 단체나 운동을 총체적으로 가리키는 말.

만 개의 권위에 맞서는 매우 풍부한 상상력

'나'를 지배하는 모든 정치조직·권력을 부정하는 사상 및 운동을 아나키즘이라 하는데, 여기에는 긍정적, 부정적 두 가지 의미가 있다. 우선 부정적 의미란? 모든 전통적 가치와 질서를 파괴하는 혼란 상태를 초래한다는 것. 이것이 아나키즘에 대한 일반적 통념으로서, 이로써 기존질서에 불만을 가진 과격분자들의 행동이라 냉소받는다. 그리고 긍정적 의미란? 사회적 안정과 조화를 이뤄 절대적 자유가 행해지는 최선의 상태라는 것. 이것이 사실상 아나키즘의 목표다.

아나키즘은 무정부주의라고도 하지만 아나키즘의 비판 대상은 국가권력뿐만 아니라 자본이나 종교 등 개인의 자발적 사고와 행동에 제약을 가하는 모든 사회적 굴레다. 정치적 지배뿐만 아니라 모든 영역의 지배를 부정하고 의문에 부치려는 사상 조류인 것. 이렇듯 정치적 지배를 상대화하려는 아나키적 사고방식은 고대로부터 존재했다. 이것이 프랑스 혁명 시기에 윌리엄 고드윈, 피에르 프루동 등의 사상가들 덕분에 온전한 이론을 갖게 된 것이다.

이후 아나키즘은 마르크스주의와 함께 좌익운동 일파로서 활약을 떨치기도 했지만 반드시 좌익과 연계되는 것은 아니다. 현재 21세기 네트워크사회는 아나키즘 목표에 일정 정도 부응하는 공동체 모습을 띤다고도 할 수 있다. 국가를 포함해 모든 조직은 자발적 의사를 통해 가입과 탈퇴를 자유롭게 할 수 있어야 하고 모든 제도가 중앙 집권적이지 않으며 분산된 형태로 운용되어 모든 사람들이 자유롭게 참여해야 한다는 아나키즘 이론은 '인터넷'의 출현으로 일정 부분 성과를 이루었다고도 할 수 있는 것.

아나키즘은 현재 전 세계적으로 자본주의와 사회주의를 넘어서는 제3의 대안으로 새롭게 주목받고 있기도 하다. 모든 '차이'를 인정하고 능숙하게 연대했던 아나키즘이 탈민족주의, 탈국가주의 시대를 맞아 관심을 끌고 있는 것. 아나키즘이 인간 공동체 운용에 대한 풍부한 상상력을 제공하는 것만은 분명하다.

😊 **한 가지 더**

니힐리즘과 아나키즘의 차이는? 모두 기존 권위와 가치를 배격하지만, 니힐리즘은 철저한 삶의 허무감에서 출발하고 아나키즘은 인간능력과 진보에 대한 강한 믿음에서 출발.

테러와의 전쟁, 진실은 무엇일까

2001년 9월 11일 미국 뉴욕에선 영화에서나 볼 법한 사건이 벌어졌다. 바로 항공기 납치 동시 다발 자살 테러인 9 · 11 테러. 사건은 실로 엄청난 규모로 진행됐다. 오전 8시 45분부터 10시 30분 사이에 모두 4대의 비행기가 납치되어 뉴욕 한복판에서 자살 충돌했으니, 이 일로 인해 미국 뉴욕의 110층짜리 세계무역센터(WTC) 쌍둥이 빌딩이 무너지고, 워싱턴 DC의 국방부 펜타곤이 공격을 받는 어처구니없는 사태가 발생한 것.

이로 인해 세계 초강대국 미국은 순식간에 아수라장이 됐고, 세계 경제의 중심부이자 미국 경제의 상징과도 같은 뉴욕은 일거에 공포의 도가니로 변해 흡사 미국의 콧대가 베어져나가는 듯한 장면이 펼쳐졌는데. 이 세기의 대테러로 인해 90여 개국 2800~3500여 명의 무고한 생명이 목숨을 잃었다.

누구의 소행인가? 사우디아라비아 출신의 국제 테러리스트인 오사마 빈 라덴과 그의 추종 조직인 알카에다가 주요 용의자로 떠올랐다. 그 밖에 하마스, 지하드 등 다른 이슬람 테러조직들도 관여했을 것으로 내다봤다.

이들은 왜 이런 끔찍한 짓을 저질렀는가? 물론 아랍권을 적으로 간주하고 탄압하는 미국에 대한 저항이다. 그런데 이 대참사 이후 사실상 이득을 본 측은 미국이고, 반대로 손해를 본 측은 테러 배후로 지목된 아랍권이니, 경위가 어찌 됐든 결과적으로 9·11은 미국에게 '전쟁'에 관한 한 확고한 명분을 심어준 것. 그리하여 9·11 이후 미국 사회를 지배한 건 하나의 이분법. 당시 부시 대통령은 "우리 편이 아니면, 테러리스트 편이다"라고 선언했으며, 거의 모든 국민과 언론이 이 선언을 가슴에 담았다. 이후 미국의 테러와의 전쟁은 매우 가열차게 진행되었다. 2001년 아프가니스탄에 이어 이라크를 점령하면서 악의 뿌리를 뽑겠다고 했으니.

그런데 이 사건이 향후 국제정세의 가장 중요한 핵심인 석유에너지 자원을 확보하고자 한 미국의 전략이라는 이야기도 있는바, 사실상 역사의 진실이란 것은 오랜 시간이 흘러야 제대로 밝혀지는 법.

한 가지 더

이슬람 세계에서는 반미성전의 영웅, 미국에선 악의 축으로 불리는 9·11테러의 주범 오사마 빈라덴은 2011년 5월 1일 미군에게 사살되었다.

뒤뚱거리는 오리처럼
갈팡질팡하는 정치

레임덕이란 임기만료를 앞둔 공직자를 '절름발이 오리'에 비유한 말. 왜 하필 오리일까? 18세기 영국 증권 시장에서 미수금을 갚지 못하는 투자자를 뒤뚱거리며 괴로워하는 오리 즉 '레임덕'이라 불렀다는데, 그 후 레임덕은 "예전에는 잘나가던 사람이 제대로 기능하지 못하는 것"을 지칭하는 말이 되었다고.

실제 레임덕은 대통령 중임제인 미국에서 현직 대통령이 대통령 선거에서 패배할 경우 새 대통령의 취임까지 3개월 동안 발생하는 국정 공백을 뜻하는데, 보다 일반적인 의미에서는 대통령의 리더십이 와해되는 현상을 말한다. 즉 집권 초기의 강력한 대통령의 권한과 의지가 시간이 지날수록 약해지면서 여러 정치적 요소와 함께 찾아오는 자연적인 정치적 권력의 흐름인 것.

대통령제를 채택한 국가에서 레임덕은 불가피한 현상으로 시간문제일 뿐. 레임덕이 찾아오면 차기 선거 당선에 불안함을 느끼는 여

당의 대선 주자들과 국회의원들은 대
통령에 반기를 들고 또한 고위 공무원
들은 복지부동하는 와중에 국정 혼란과 공백

이 발생되나니, 따라서 레임덕은 최대한 늦게, 최소한의 범위로 통
제될 필요가 있다는 것이 일반적인 통념.

　대통령과 국회의원 임기와 선거가 불일치하는 우리나라에서는 총
선 일정에 따라 레임덕이 시작되는 시기가 달라지는데, 막상 레임덕
이 시작되면 레임덕으로 인한 정책적 낭비와 정부 기관의 느슨함을
어떻게 조절할 것이냐가 문제다. 이때 무엇보다 레임덕 당사자인 대
통령의 강력한 의지가 필요한데, 레임덕에 따른 진실한 반성이 선행
된 후에야 남은 임기 동안 현명한 정책조율이 가능해지는 것. 또한
정치인들의 의식 진화도 절실히 필요한 부분인즉, 단순한 '편가르
기'를 넘어 정치인들이 정책 효율성에 대한 진정한 판단 능력만 갖
추어도 매번 정권이 바뀔 때마다 심하게 뒤뚱거리는 오리가 균형 잡
는 데 조금은 수월해질 듯.

한 가지 더

'데드덕'이란? 정치 생명이 끝난 사람, 가망 없는 인사. 19세기에 유행한 '죽은 오리에는 밀가
루를 낭비하지 말라'는 속담에서 유래.

중국 현대사의 너무 깊은 '상흔'

얼마 전 중국 남부 광둥성 포산에서 두 번이나 차에 치인 두 살배기 여자아이를 누구도 거들떠보지 않는 모습이 담긴 폐쇄회로 TV화면이 공개되면서 중국 사회에서 도덕이 땅에 떨어졌다는 개탄의 목소리가 줄지어 나온 일이 있다. 실제 중국에서는 이렇듯 남 일에 상관하지 않겠다는 오불관언(□□□□) 행태를 쉽게 경험할 수 있다는데, 그 이유를 '문화대혁명'에서 찾는 사람들도 있다. 무슨 말일까?

문화대혁명이란 1966년부터 1976년까지 10년간 중국의 최고지도자 마오쩌둥에 의해 주도된 극좌 사회주의운동을 가리키는 것. 극단적 좌파 광풍이 몰아치던 문화대혁명 당시 '나서면 다친다'는 학습효과가 뇌리에 뿌리 깊게 박혔기 때문이라는 것.

그럼 문화대혁명은 왜, 어떻게 일어난 것인가? 1950년대 말 경제개발계획의 일환으로 펼쳤던 국가 주도의 대약진운동이 실패하고 자본주의 정책의 일부를 채용한 정책이 실효를 거두면서 덩샤오핑

등이 새로운 권력 실세로 떠오르자 이에 위기를 느낀 마오쩌둥은 부르주아 세력 타파와 자본주의 타도를 외치게 된다. 마오는 국가와 사회구조, 개개인의 정신을 완전히 개조하는 작업을 제안, 이를 위해 구사상, 구문화, 구풍속, 구관습을 자본주의와 봉건주의 유물로 규정하고 4구(□) 타파운동을 시작하는데, 이를 위해 전국 각지마다 청소년으로 구성된 홍위병을 조직, 이들은 전국을 휩쓸며 '자아비판' 등의 권력으로 중국을 일시에 경직된 사회로 전락시키고 말았으니. 이로써 마오쩌둥에 반대하는 세력은 모두 실각되거나 숙청되었던 것.

마오쩌둥 사망 후 중국공산당은 문화대혁명에 대해 '극좌적 오류'였다는 공식적 평가를 내리면서 문화대혁명의 광기는 급속히 소멸되고 실권을 장악한 덩샤오핑 체제하에서 개혁과 개방으로 이행하게 되었다.

그런데 현재 거대한 경제대국으로 부상하고 있는 중국인의 정신 문화 뿌리는 어디에서 찾아야 하는 걸까? 중국 정부는 공공연히 '공자'를 모시려고 하지만 마르크스주의, 마오쩌둥 사상을 신봉하는 중국 공산당 좌파들은 이에 대해 극도의 경계심을 드러내고 있는 것이 현실.

☺ 한 가지 더

문화대혁명 이후 홍위병은 특정인이나 특정목적을 위해 극단행동을 불사하는 급진파를 비유하는 뜻으로 자주 쓰인다.

평화통일을 위해 마주잡은 남북의 두 손

2000년 6월 15일 평양 순안공항에서 남쪽의 김대중 대통령과 북쪽의 김정일 국방위원장이 부둥켜안는 모습은 하나의 역사적 장면으로 전 세계 언론에 유포되었다. 이것이 왜 역사적 장면인가? 대한민국은 세계 유일의 분단국가다. 휴전 상태, 즉 같은 핏줄을 나눈 사이임에도 전쟁을 쉬고 있는 두 나라인 것. 그렇게 서로를 적대시하며 궁극적으로 지향해야 할 '평화통일'을 향한 노력과 열정이 빛을 보지 못하는 하 많은 세월이 지난 후, 분단 역사상 처음으로 열린 남북 정상 간의 상봉이었으니, 그 의의가 상당했던 것.

6 · 15남북공동선언이란 그렇게 만난 두 정상 간의 공동선언을 말한다. 남북 정상들은 당시 회담이 서로간의 이해를 증진시키고 남북관계를 발전시키며 평화통일을 실현하는 데 중대한 의의를 가진다고 평가했으며, 사실상 이 회동은 국제 정치적 · 경제적 측면에서 남북 간의 상호 교류 협상 및 한반도 냉전구조 해체를 위한 결정적인

|셋째 어휘군|
그 무엇도 정치적이지 않은 것은 없다

계기가 되었다고 할 수 있다.

즉 남북 정상이 현재의 적대적 대결상태를 종식하고 평화공존의 새로운 패러다임으로 한반도 질서를 전환하고자 마련된 회담이었으니, 그 실제적 효력과 파장은 놀라웠던 것.

남북 정상이 각각 서명한 합의문의 주요 내용은 이렇다. ① 통일 문제는 주인인 우리 민족끼리 자주적으로 해결. ② 통일을 위한 남북 안의 공통성을 인정. ③ 8 · 15 즈음 흩어진 가족, 친척 방문단 교환 및 비전향장기수 문제 해결. ④ 경제협력을 통한 민족경제 활성화. ⑤ 합의사항의 조속한 실천 노력 등.

'6 · 15 선언' 이후 실제 경제 문화 부문의 교류 확대라는 구체적 성과가 생겼다. 하지만 이와 다른 차원에서 북핵 문제로 인해 북 · 미 간 갈등이 고조되면서 그것이 '6 · 15 선언' 실천에 장애가 되었으며, 사실상 이러한 상황에서 '6 · 15 선언' 정신을 어떻게 살릴 수 있을까가 우리의 고민이었다. 하지만 이명박 정부 들어 대북압박정책을 실시하면서 남북 공동선언은 거의 파기되다시피 한 실정. 천안함 침몰 사건 등으로 남북관계는 심하게 경색된 상태다.

😊 **한 가지 더**

현재 우리는 경협 중심의 남북 관계 개선이 우선인가, 아니면 북핵 문제 선결을 위한 한미 공조가 우선인가의 선택을 요구받고 있는 시점.

시대의 분수령이 된 시민참여운동

6월항쟁이 일어난 지도 25년 정도 가 흘러 이제 20대의 절반, 10대 대다수는 '이것이 대체 무슨 일?' 하는 상황이 되었다. 여기서 이것은 1987년 6월 전국적으로 일어났던 민주화시위를 가리키는 말. 6월항쟁은 역사상 3·1운동을 제외하고 가장 큰 시민참여의 물결이 일어났던 사건으로, 1979년 12·12사태로 정권을 잡은 전두환 군사정권의 장기집권을 저지하기 위해 일어난 범국민적 민주화운동이다.

전두환 정권의 집권 이후 민주화운동은 끊임없이 이어졌지만, 당시 정권은 이를 강경 탄압하고 장기집권을 획책하기에만 바쁠 뿐. 그러던 중 1987년 1월 서울대생 박종철군이 치안본부 대공수사단에 연행돼 조사받던 중 고문으로 사망하는 사건이 일어나자 이에 분노하는 거리시위가 전국적으로 일어났다. 이에 재야와 통일민주당이 연대해 탄생한 '민주헌법쟁취 국민운동본부'는 6월 10일 '박종철 고문살인 은폐조작 규탄 및 민주헌법쟁취 범국민대회'를 개최, 6월항

|셋째 어휘군|
그 무엇도 정치적이지 않은 것은 없다

쟁의 기폭제가 된다. 그리고 같은 날 민주정의당 대표위원 노태우가 대통령 후보로 선출되자 전두환 정권의 간선제 호헌에 대한 국민의 저항은 급격히 확산되었고, 15일까지 명동성당농성투쟁, 18일 최루탄추방대회, 26일 민주헌법쟁취대행진에 이르기까지 20여 일간 전국적으로 500여 만 명이 참가해 4·13호헌조치 철폐, 직선제개헌 쟁취, 독재정권 타도 등 반독재민주화를 요구했다.

이렇듯 거센 국민들의 민주화 요구에 부딪치자 결국 전두환 정권은 장기집권 획책을 포기할 수밖에. 당시 민주정의당 대통령 후보 노태우가 직선제개헌과 평화적 정부이양, 대통령선거법 개정, 김대중의 사면복권 등을 주요 내용으로 하는 6·29선언을 발표한 것. 6월항쟁은 절대 권력을 민주세력과 시민 역량으로 저지시키고 이 땅에 민주화바람을 불러일으켰다는 점에서 그 의의가 지대한 사건이다.

《6월항쟁》의 저자 서중석 교수는 6월항쟁이 "민주주의를 향한 과정의 모든 것이 절묘하게 맞아떨어졌던 사건"이라며, 이 사건이 '신의 섭리' 혹은 '웅장한 교향악'과 같았다고 표현하기도.

😊 **한 가지 더**

간선제는 대통령 선거인단이 대통령을 뽑는 것. 직선제는 국민이 직접 뽑는 것. 6월항쟁의 결과 13대 대통령선거부터 직선제로 바뀌었다.

커야 하나 작아야 하나, 정부 역할을 묻다

사람들이 정부에 기대하는 역할은 시대에 따라 그리고 자신의 다양한 정치적 입장에 따라 당연히 가지각색이다. 큰 정부니 작은 정부니 하는 것도 국민 각자의 기대치에 따라 무엇이 좋고 나쁘고가 결정되는 것일 뿐. 미국의 뉴딜 정책 이후 나왔던 큰 정부, 작은 정부 개념은 경제문제에서 정부의 비율이 크냐 시장의 비율이 크냐의 문제다. 정부가 많은 사업을 추진하고 많은 제약을 만들어 시장을 통제, 지배하는 것이 큰 정부이고 시장 자체의 효율성을 신뢰해 경제를 시장 자율에 맡기고 뒷전으로 빠지는 게 작은 정부다.

19세기 말경까지 정부의 존재형태는 최소 경비에 의한 국정운영으로 워낙이 작은 정부가 대세였지만, 20세기에 들어 국민복지 등 시장논리로는 해결할 수 없는 문제가 대두되면서 정부 역할이 점차 커졌고 이에 따라 비대해진 정부가 민간부문을 통제하면서 경제 활력이 저하되는 문제가 발생하자 20세기 후반 들어 다시 작은 정부론이 등장하게 되었으니, 이것은 특히 영국의 대처 수상이 이끌던 영국 보수당의 논리이자 미국 공화당의 정치노선이기도 하다.

그런데 사실상 신자유주의가 금과옥조처럼 받드는 '작은 정부, 큰 기업'이라는 성장모델은 소수의 부자들만 배불리는 양극화라는 엄청난 부작용을 낳기도 했다.

본래 말뜻을 기리는 차원에서 보면 작은 정부는 좋은 정부다. 과도한 국가 세금을 비판하며 '시민불복종' 운동을 펼친 자연주의자 헨리 데이비드 소로가 정의한 '작은 정부'는 올바른 정치를 하고, 다수에 대한 간섭을, 특히 다수의 목적과 부합하지 않는 부분에서 배제하는 정부인 데 반해, 실제 신자유주의자들이 부르짖는 '작은 정부'란 다수를 보호하기 위한 법제적 장치들을 아예 없애버리는 정부인 것.

그렇다면 어찌해야 하나? 여전히 신자유주의를 외치는 보수의 편을 들어야 하나, 아니면 관료주의 확산을 부르는 공공부문 확대가 답이라는 진보의 편을 들어야 하나? 사실상 모든 것을 양자택일로 구획하는 것이 결정적 오류. '작은 정부, 큰 사회'라는 민간참여 자본주의를 대안으로 내세우는 이들도 있지 않은가.

'시민불복종' 운동이란? 특정 법률이나 정책이 올바르지 않다는 판단에서 정부에 대해 이의를 신청하는 정치행태.

누구를 위한, 무엇을 위한 한계선인가

북방한계선(NLL)은 1953년 유엔군 사령부가 정전협정 체결 직후 서해 5도인 백령도~대청도~소청도~연평도~우도를 따라 그은 해안 경계선. 이름에서 알 수 있듯 북한이 주체가 된 것이 아니라 남한이 주체가 되어 설정해놓은 선이다.

당시 정전협정 체결 당시 유엔군과 북한군은 육지에 대해서는 양측 대치 지점에 군사분계선을 긋고 이를 기준으로 남북 4㎞에 이르는 비무장지대를 설정하는 데는 합의했으나 해상경계선을 어디로 정할지는 합의하지 못했는데, 유엔군은 서해 5도와 북한측 육지 중간을, 북한은 육지의 군사분계선을 기준으로 해상경계선을 정해야 한다고 주장하다 회담이 결렬되자 유엔군이 일방적으로 NLL을 설정했던 것.

남측은 북한이 유엔사의 NLL 설정 이후 20여 년간 아무런 이의를 제기하지 않아 국제법적으로 NLL에 대해 합의한 것으로 간주, '현실적으로 존재하는' NLL을 서로 넘어서지 말아야 한다고 주장하

|셋째 어휘군|
그 무엇도 정치적이지 않은 것은 없다

고 있고, 이에 대해 북한은 1973년 들어서면서부터 '유엔사가 일방적으로 선언했을 뿐'인 서해 NLL을 공식 인정하지 않고 있다. 그래서 이곳이 그 후 끊임없는 분란 지역으로 떠오른 것. 즉 이 지역은 꽃게가 풍부한 어장으로 해마다 6월 즈음이 되면 북한의 어선이 NLL을 침범해 문제가 되었으니, 이곳에서의 남북간 교전(서해교전)도 몇 차례나 있었다.

따라서 2004년 6월 남북은 장성급회담을 열고 향후 서해상의 우발 충돌을 방지하고 군사분계선 지역에서 선전 활동을 중지하는 내용의 합의서를 채택했는데, 그럼에도 북한은 이후 천안함 폭침 및 연평도 포격 도발을 포함, NLL 접경 수역에 대한 끊임없는 도발을 바탕으로 NLL에 대한 현상 수정을 시도해오고 있다.

그럼 이 문제를 어떻게 해결해야 하는가? 사실상 NLL에 대한 국제법적 관점과 실체적 진실에 대해 우리 사회는 너무 혼란스러운 상황이다. 남북 사이의 서해 수역은 어느 쪽도 합법적으로 관할권의 배타적 권리를 주장할 수 없는, 정전협정상 공백으로 남겨져 있는 수역인 것. 따라서 남북한이 이 수역에 대한 성격규정을 새로 정립할 필요가 있다.

한 가지 더

'비무장지대'란? 조약이나 협정에 의해 무장이 금지된 완충지대. DMZ(demilitarized zone)이라고도 한다.

'피의 일요일'을 만든 중국의 민주화운동

1989년 6월 4일 중국 천안문 광장에선 민주화를 요구하는 학생과 노동자, 시민들이 연좌시위를 벌였고, 이에 계엄군이 탱크와 장갑차로 이들을 해산시키면서 많은 사상자를 낸 사건이 발생한다. 이것이 이른바 천안문사태.

혹시 기억하는가? 당시 흰 와이셔츠를 입은 한 청년이 시위대를 진압하기 위해 돌진하는 탱크를 몸으로 막아 세웠던 장면은 어느 사진기자에게 포착되어 전 세계에 '감동의 한 컷'으로 유포되었으니, 이 사진은 그 해 퓰리처상을 수상하기도 했다.

이 정치적 참극은 어떻게 일어나게 된 것일까? 재미있게도 1989년 6월 4일은 5·4운동(1919년 5월 4일 베이징에서 일어난 중국 민중의 반봉건·반제국주의 운동) 70주년이자 그 해는 프랑스 혁명이 발발한 지 꼭 200주년이 되는 해, 그리고 중국사회주의 정권 수립 40주년이자 덩샤오핑의 개혁·개방이 실시된 지 10년째 접어드는 시점. 다른 사회주의 국가들의 전반적인 경제적 퇴조와 몰락에도 불구하고 덩샤오핑의 개혁·개방정책, 즉 중국식 사회주의는 놀라운 성과를 낳으며 세계적 주목을 받고 있었지만, 이러한 놀라운 경제성장 이면에는 적지 않은 부작용도 수반되기 마련이었던 것. 사회주의 정치체제의 변혁을 요구하는 시민운동이 전개되기에 이르렀으니.

경제논리로 정치 문제를 극복하려던 덩샤오핑의 중국식 사회주의는 정치개혁과 경제개혁의 불균형으로 인해 1986년 지식인의 민주화 요구 시위와 1989년 천안문사태로 좌절을 맞았다고도 할 수 있다. 천안문사태 당시 때마침 소련의 고르바초프가 중국 방문중이라 취재진들이 들끓었고 이들 각국 기자단에 의해 이 사건은 전 세계에 생생히 TV 중계된 덕분에 중국정부에 대한 국제적 비난은 이루 말할 수 없었다. 이른바 '피의 일요일'로 불리는 이 사건 이후 중국 지도부는 체제굳히기와 함께 개방정책 고수를 천명하고 마르크스 레닌주의 확립을 내세우는 등 이율배반적 태도를 보이면서 특히 동유럽의 민주화 물결을 극복하는 데 안간힘을 쏟았다.

그런데 앞서 말한 풀리처상 수상 사진 속 청년은 그 후 행방이 묘연해졌다는데, 어찌된 것일까?

😊 **한 가지 더**

또 하나의 천안문사태는 중국 마오쩌둥 체제 말기인 1976년 4월에 있었던 대중반란을 가리키기도 한다.

너도 나도 포퓰리즘, 인기가 그리 좋더냐?

일반적으로 '대중영합주의' 혹은 '민중주의'로 불리는 포퓰리즘. 포퓰리즘은 1870년대 러시아의 브나로드운동에서 비롯되었다. 당시의 포퓰리즘은 '민중 속으로'라는 슬로건을 내건 러시아 급진주의 정치이데올로기였고 청년귀족들과 학생들이 농민을 주체로 한 사회개혁사상의 중심이었다.

그러나 나름 멋있는 개념이기도 했던 이 '포퓰리즘'은 현대에 와서 단순히 '대중화(popular)'에 초점이 맞춰진다. 그리하여 정책의 현실성이나 가치판단, 옳고 그름 등 본래 목적을 외면하고 일반 대중의 인기에만 영합해 목적을 달성하려는 정치행태를 뜻하게 되었으니, 즉 '선심성 공약 남발' 등 앞뒤 가리지 않는 단순하고 몰지각한 행위를 가리키게 된 것.

정치적 포퓰리즘은 1890년대 미국의 양대 정당인 공화, 민주당에 대항하기 위해 탄생한 인민당(Populist Party)이 농민과 노조의 지지를 얻기 위해 경제적 합리성을 도외시한 정책을 표방한 것이 그 시작이다. 그리고 이 포퓰리즘이 세계적으로 유명해진 것은 아르헨티나의 페론 정권이 대중을 위한 선심정책으로 국가경제를 파탄시킨 사건 때문. 이로써 포퓰리즘은 국가와 국민을 위하는 것이 아니라 특정 집단의 정치적 목적만을 위하고, 합리적인 정치·사회 개혁보다는 집권세력의 권력유지 또는 비집권세력의 권력획득 수단으로 악용될 뿐이라는 부정적 시선을 한몸에 받게 되었다.

요즘 우리나라에선 '무상급식'을 필두로 한 복지포퓰리즘 논쟁이 한창 뜨거운데, 무상급식뿐만 아니라 앞으로 우리나라의 부족한 복지 인프라를 구축하기 위한 정책이 새로 등장할 때마다 보수 진영에서는 이를 복지포퓰리즘으로 공격할 가능성이 매우 높다. 반대로 진보 진영에서는 복지라는 것은 시혜나 대중영합적인 것이 아니라 시민의 권리라고 주장하고 있는 실정. 이는 또한 '성장'이냐 '분배'냐의 문제로 모든 자유주의 국가가 고민하고 있는 것. 결국 무엇이 '합리'인가의 문제로 귀착되는데, 가능한 다수가 행복해지는 쪽으로 결말지어져야 하는 것은 너무 당연한 일 아니겠는가.

'쇼비니즘'이란? 열광적, 맹목적, 배타적 애국주의. 국가 간 모든 전쟁의 근원이 된다.

사회적 '공감'을 불러일으키는 연예인들

우선 폴리테이너 뜻을 보자. 정치인(politi-cian)과 연예인(entertainer)의 합성어인 이 말은 연예인 출신의 정치인을 일컫는 정치학 용어. 미국의 정치학자 데이비드 슐츠가 1999년에 처음 사용했다. 슐츠는 이미지와 대중적 인지도가 높은 연예인이 정치에 참여할 경우 당선될 가능성이 높다고 주장했으니, 대표적 폴리테이너로는 미국의 40대 대통령 레이건, 캘리포니아 주 주지사 아놀드 슈워제네거 등이 있다.

그리고 'Social+Entertainer'인 소셜테이너는 사회참여 연예인을 뜻하는 말. '정치참여 연예인'을 뜻하는 폴리테이너와 구분하기 위해 만들어진 말이다. 일반적으로 지지하는 정당이나 정책에 대한 소신 있는 발언을 소셜네트워크서비스(SNS)를 통해 발언한다고 해서 붙여진 명칭이다. 그런데 이들 활동을 두고 현재 논란이 불거지고 있는 상태. 일부에서는 사회적 영향력이 강한 연예인의 사회참여 발언이 자칫 사실 왜곡이나 혼란을 조장할 수 있다고 우려하는데, 이에 대해 소셜테이너를 옹호하는 입장에선 이들의 발언으로 사회적 약자에 대한 배려를 중요시하는 사회 분위기가 형성됐다고 보기도 하는 것. 이들의 적극적인 정치참여 또한 정치에 무관심한 젊은 층의 정치적 이해를 진작시키고 시민의 사회적 신뢰나 협력을 확대할 것이란 지적도 나오고 있다.

그럼 여기서 폴리테이너와 소셜테이너는 무엇이 다른 걸까? 사실상 구체적 정당 활동에 호응하는 폴리테이너는 자신을 미래 권력에 투자한 것이 되고, 힘없는 사회적 약자의 목소리를 들어주는 소셜테이너는 소외된 이웃을 위해 자신을 희생한 것이 된다. 따라서 소셜테이너는 개인적 이익을 취하는 차원이 아니라 사회적 불의에 항거하는 차원에서 등장하는 개념이다. 이로써 대중에게 지지받아야 할 근거가 마련되는 것.

21세기는 집단지성의 영향력이 커져가는 시대이고 그것을 주도하는 게 SNS로 통칭되는 소셜미디어인즉, 연예인뿐만 아니라 사회 모든 구성원이 자유롭게 이야기하고 의견을 표현할 수 있어야 한다. 그것이 진정 소셜미디어가 만들어주는 민주적 참여와 공감의 방법에 뿌듯하게 호응하는 일인 것이다.

한 가지 더

소셜미디어란? 의견·생각·경험·관점 등을 서로 공유하기 위해 사용하는 온라인 툴과 플랫폼. 사회적 관계 개념을 인터넷 공간으로 확대한 것.

실천적 지식인? 아니면 기회주의자?

국회의원 선거철만 되면 '폴리페서' 논란이 뜨겁다. 폴리페서란 '정치'를 뜻하는 '폴리틱스(politics)'와 '교수'를 뜻하는 '프로페서(professor)'의 합성어로서, 현실 정치에 적극적으로 뛰어들어 자신의 학문적 성취를 실현하려 들거나 그러한 정치 활동을 통해 정계 또는 관계에서 고위직을 얻으려는 교수를 가리키는 말. 한국의 정치 상황에서 빚어진 신조어인데, 아무래도 그 뉘앙스는 부정적이다.

왜 부정적일까? 교수직을 유지한 채로 선거에 출마해 당선되면 장기 휴직을 하고, 낙선되면 다시 강단으로 복귀하면 되니 이것 또한 '한탕주의'로 볼 수 있는 것이다. 그 과정에서 학생들은 수업권을 심각하게 침해받고 신진학자들은 학교 진출 기회를 봉쇄당한다. 또한 해당 교수는 관련법을 악용하는 등 도덕성이나 양식을 저버린 행동을 일삼아 비난 대상이 되는 것.

교수들의 공천 신청 자체가 문제되는 것이 아니다. 단지 그 과정에서 양다리 걸치는 듯한 기회주의적 행태가 볼썽사나울 뿐. 선진국에서는 교수가 선출직 공무원이 되려면 교수직을 사임하는 것이 상식이다. 교수 자리를 정계 진출용 징검다리로 여기는 풍토를 방치해 대학사회를 병들게 해서는 안 되지 않겠는가.

물론 정치 입문 교수들 중에는 깊은 학문적 소양과 전문성을 정치에 접목해 사회발전에 도움을 주고자 하는 긍정적 의미의 '정의'의 사도들도 있을 것이다. 그렇다면 이들은 폴리페서라 불리지는 않을 것. 사실상 폴리페서의 정체는 애매한데 굳이 기준을 들자면 이 정도일까? 우선 정치활동 이전에 유명세가 없으면서 정치권에 먼저 자기를 써달라고 손 내미는 사람. 그리고 자신의 정치활동으로 학교 업무에 지장을 초래한 교수. 이들은 분명 자신의 입신양명을 위해 대의를 희롱한 죄인일 것이다.

제갈량의 출사를 생각해보자. 유비가 삼고초려할 동안 그는 묻고 또 묻지 않았는가. 과연 내가 세상에 나가 어떤 일을 할 수 있을지를. 이런 숙고의 과정 없이 무조건 자리만 탐한 교수들의 말로는 이제껏 모두가 비극적이었다. 또한 이것이 개인의 비극이 아닌 우리 사회의 비극일진대 폴리페서 논란은 좀 더 구체적인 제재 형태를 갖추는 쪽으로 귀결되어야 하지 않을까?

한 가지 더

'폴리널리스트(polinalist)'란? 언론 활동을 바탕으로 정계와 관계 진출을 시도하는 언론인.

주체가 없는 협약은 무효라니까!

간도는 백두산 북쪽의 만주 지역 일대를 말하는 것. 그 옛날 고구려가 이 지방으로 뻗어나가면서 고구려 영토가 되었고 고구려가 망한 뒤에는 발해 영토가 되었다. 그 뒤 고려시대로부터 조선 전기에 걸쳐 여진족이 살았으나 여진족은 농경보다 유목·수렵에 종사했던 터라 이 비옥한 지역은 오랫동안 방치되다가 조선 후기에 한국인 유민이 들어가 개척하기 시작하면서 빛이 나는 땅이 되었는데.

그런데 만주지역에 청나라가 세워진 후 백두산을 중심으로 우리나라와 청나라 간 국경선 문제가 불거지게 되고 이에 숙종 38년(1712)에는 우리나라와 청나라를 가르는 '백두산 정계비'를 세워 그 비석에 간도를 우리나라 영토로 기록해두었다. 이 정계비는 이후 소실돼 현재 전해지지 않고. 아무튼 이 간도는 그 오랜 옛날부터 우리 민족이 살았던 곳임이 분명한 우리 땅이다. 그런데 지금 왜 간도가 문제이고 간도협약이란 무엇인가?

간도협약이란 1909년 9월 청나라와 일본이 간도 영유권 등에 관해 맺은 조약이다. 그런데 아니, 어떻게 우리 땅을 두고 당사자가 아닌 일본이 청나라와 계약을 맺는단 말인가? 그러니까 간도협약 시점 이전에 조선은 을사조약으로 인해 외교권이 박탈된 상태였다. 하지만 사실상 을사조약 자체가 고종황제의 사인이 아닌 이완용 등의 을사5적 사인으로 이루어진 것이라 그 실효성을 인정할 수 없는 조약이고 따라서 외교권 박탈도 실질적인 박탈이라 할 수 없다. 그런 상태에서 일본이 자기들 맘대로 만주의 철도부설권을 얻는 대가로 간도를 청에게 넘겨준 것이 간도협약이니, 우리 입장에서는 이것 또한 무효라고 볼 수밖에 없는 것.

그런데 간도는 우리 국민들 관심에서 멀어진 고토가 되어가는 것이 지금의 현실. 우리 고토라 할지라도 현재 중국 영토에 속해 있어 사실상 우리 땅으로 전환하는 것이 현실적으로 불가능하다는 것이 대다수의 입장이다. 2009년 간도협약 100주년을 맞아 국회에서는 여야의원 59명이 간도협약 무효 결의안을 제출하기도 했으나 정작 중국은 눈 하나 꿈쩍 않고 동북공정에만 열을 올리고 있는 상황이다.

동북공정이란? 중국이 중국 국경 안에서 일어난 모든 역사를 자신들 역사로 편입시키는 작업. 그 이유가 바로 '간도' 때문.

스스로 내 나라를 지킬 권리

"미 법무장관은 상원 청문회에서 빈 라덴 사살은 국가 자위권 차원의 행동이라고 주장했다." "유엔군사령부는 북한의 연평도 포격이 자위권에 해당하지 않는다는 내용의 보고서를 유엔 사무국에 냈다." 이렇듯 '자위권' 운운하는 기사는 평화의 시대를 거역하면서 갈수록 많아진다.

자위권이란 무엇인가?

자위권이란 외국으로부터의 위법한 침해 등 나라가 위급한 상황에 처한 경우 그것에 반격하기 위해 무력을 행사할 수 있는 권리를 말한다. 그것이 부득이하게 긴급한 것이고 침해 정도가 일정 수준을 넘을 경우에는 '무력'의 위법성이 사라져 국제법상 합법이 되는 것. 제1차 세계대전 후 전쟁이 위법화됨에 따라 그 예외적 조항으로 실정법상 권리로 인정받고 있다. 국제연합헌장은 개별적 자위권과 동시에 집단적 자위권을 인정하고 있는데, 어느 경우에나 그 발동의 남용을 방지하기 위해 안전보장이사회가 통제하도록 규정하고 있으며, 필요한 정도를 넘은 자위권 행사는 과잉방어로서 위법행위가 된다.

　스스로 내 나라를 지킬 권리, 국가 고유의 권리가 된 자위권. 사실상 자위권이 발동되기 위해서는 외국으로부터의 침해가 현실적으로 급박한 것이어야만 하고 단지 침해 위협이라는 것만으로는 자위권 발동이 허용되지 않는다. 그런데 사실상 그 수위를 결정하는 것이 어려운 일 아니겠는가. 그래서 문제다.

　그렇지 않아도 현재 휴전 상태인 우리나라. 한반도에서 이 자위권 문제는 유독 첨예한 이슈로 등장하기 마련인데, 군 공격과 폭력의 근거가 되는 자위권은 흡사 '눈에는 눈, 이에는 이'식의 대응이 되기 십상인 것. 물론 한반도에서 자위권이 발동한다 해도 전면전의 비극으로까지 치닫지는 않을 것이다. 국가 패망을 뜻하는 '전쟁'을 치를 만큼 인간이 그렇게 어리석지는 않으니. 아무려나 '평화의 시대'를 맞아 자위권에 대한 논쟁이 영영 사라지기를 바랄 뿐.

😊 **한 가지 더**

'자위대'란? 일본이 1954년 일본의 치안유지를 위해 창설한 조직. 군대와 다른 개념이지만 비슷한 용도를 갖고 있는 듯.

미량의 독은 약? 아니면 그저 독은 독일 뿐?

적당한 스트레스가 건강에 좋은 것처럼 미량의 독은 약이 될 수도 있다는 것, 이것이 호르메시스 효과다. 그리스어 호르메시스는 '자극한다', '촉진한다', '흥분시킨다'는 뜻. 생물체가 외부로부터 미량의 독성 물질과 적당한 스트레스를 받을 경우 오히려 생체 기능에 유익한 효과를 가져온다는 호르메시스 이론은 현재 방사선 물질에까지 적용되었다. 일본 원전 사고로 한반도에도 미량이나마 방사성 물질이 영향을 주고 있는 지금 시점에서 원자력 전문가들은 '미량의 방사선은 오히려 몸에 이롭다'는 매우 공격적인 주장, 방사선 호르메시스 이론을 펼치고 있는 실정인 것. 그런데 과연 사실일까?

많은 양을 받으면 유전자 돌연변이나 암이 생기겠지만, 적은 양의 방사선이 들어오면 우리 몸은 스트레스를 극복하기 위해 면역 기능을 높이게 되고 이로써 건강해진다는 것인데, 과거 브라질에서 우라늄 광산 주변에 있는 한 마을 주민들이 특히 오래 살아 그 이유를 분석해본 결과 이 같은 이론이 나왔다고도.

　이러한 호르메시스 효과는 노화와 관련해서 가장 활발하게 연구되고 있다. 노화 현상의 핵심은 활성 산소인데 이 활성 산소는 과식, 과격한 운동, 스트레스, 흡연 등으로 생긴다. 이때 활성 산소를 손쉽게 줄일 수 있는 방법은 바로 '소식'. 식사량을 줄이는 소식이야말로 호르메시스 현상을 나타내는 것이니, 우리 몸은 음식을 충분히 먹을 때보다 소식할 때 적은 양의 에너지를 효율적으로 관리하려고 하므로 몸이 건강하게 유지된다는 것.

　그런데 이 호르메시스 효과가 노화나 운동이 아닌 방사선과 결합되면 논란이 커지는 것이다. 사실상 현대과학이 아무리 발달했다 할지라도 생체 메커니즘에 대해 아는 것보다는 모르는 것이 더 많은 게 사실 아닌가. 호르메시스 이론을 지지하는 사람들은 저선량의 방사선이 인체에 유익하다는 것을 신념으로 받아들이지만, 아무리 약이 되는 독일지라도 효과가 확실하게 입증되지도 않은 방사선에 일부러 노출될 필요까지야 없을 듯.

😊 **한 가지 더**

'방사선'이란? 어떤 원자핵이 다른 원자핵으로 바뀔 때 내놓는 알파선, 전자, 감마선, X선, 중성자.

왼쪽이냐 오른쪽이냐, 그것이 문제?

공간 개념인 왼쪽과 오른쪽에 사상을 입힌 좌익과 우익. 이것은 1792년 프랑스혁명 당시 국민공회에서 의장석을 중심으로 급진파인 자코뱅당이 왼쪽 자리에, 온건파인 지롱드당이 오른쪽에 앉은 데서 유래한 말이다. 이후 좌우익은 정치, 경제, 사회적 비전을 달리하며 대립, 사회주의와 자유주의를 지칭하는 개념으로 자리잡게 되었다.

그러나 좌익, 우익은 단순히 두 개의 범주로 끝나는 것이 아닌 다양한 스펙트럼을 갖게 되니, 좌익은 사회민주주의자로부터 공산주의자까지, 우익은 자유주의자에서부터 파시스트에 이르기까지를 포괄하는 것. 또한 좌파는 그 개혁성 정도에 따라 급진좌파, 온건좌파로 나뉘고 우파도 보수성 정도에 따라 극우파, 중도우파 등으로 나뉜다. 지향점을 보면 좌익은 사회주의를, 우익은 민주주의가 아닌 자본주의를 추구하는 것인데, 여기서 민주주의의 반대는 독재이지 좌익이 아니다. 민주주의를 추구하는 것은 좌우익이 똑같다.

그런데 인터넷상에서 쉼 없이 등장하는 용어 '좌빨'은 무엇일까? 왼쪽 빨갱이라는 이 말은 현 집권당에 반대하는 모든 사람에게 무차별로 사용되는 언어폭력일 뿐 어떤 사상적 개념을 갖는 말은 아닌 듯하다.

그리고 진보는 좌익이고 보수는 우익이라는 말은 사실일까? 진보란 현재 사회가 직면한 문제를 해결하는 데 있어서 사회체제를 개혁함으로서 변화를 추구하는 입장. 반면 변화를 바라지 않고 기존 제도를 유지함으로써 사회의 현상 유지를 지속시키려는 집단을 보수파라고 한다. 그러니까 보수와 진보는 가치관으로 나눈 개념이고 우익과 좌익은 이데올로기적으로 나눈 개념인 것. 단 우익 가치관이 보수에 가깝고 좌익이 진보적 가치를 많이 가지고 있기에 같은 것으로 보기 쉬울 뿐.

영국의 사회학자 앤서니 기든스는 기존의 좌우를 넘는 '제3의 길'을 제시하기도 했는데, 그의 이론은 양 진영으로부터 처참한 비판을 당하기도 했지만, 그래도 그의 제안이 빛나는 것은 세상엔 화해하지 못할 대립이란 존재하지 않는다는 믿음 때문이다. '적이 없는 정치'가 가능할 수도 있다는 것. 동의하는가?

한 가지 더

'중도(□□)'란? 불교사상의 핵심적 개념 가운데 하나로, 쾌락주의와 고행주의를 모두 부정한, 실로 바른 삶.

공개적으로 '그분'의 죄를 묻노라

지난 2004년 '노무현 대통령 탄핵소추'로 세상이 시끄러웠다. 당시 노무현 대통령이 '정치적 중립성'을 지키지 않았다는 등의 이유로 대한민국 제16대 국회에서 대통령 대상 탄핵소추안을 통과시켰으니, 이로써 노무현 대통령의 직무가 일시 정지되었던 것.

대통령까지 일을 못하게 만드는 탄핵소추안, 대단한 위력을 가진 것임에 틀림없다. 그럼 이것의 정확한 실체는? 고위직 공직자가 직무 집행에 있어서 헌법이나 법률을 위배한 경우에 일반적인 징계 절차를 통해 파면시키거나 일반 사법기관에서 소추하기 곤란하므로 국회가 탄핵소추를 통해 그 책임을 묻는 제도다. 좀 더 세부적으로 말하면, 탄핵은 공직자를 심판하는 제도, 소추는 그 심판을 청구하는 것이다. 그리고 결정은 헌법재판소에서 한다.

일단 탄핵소추권이 발동되면 탄핵 여부가 가려질 때까지 권한 행사가 정지되며, 탄핵 결정은 공직 파면에 그치지만 이로 인해 민·

형사상의 책임까지 면제되지는 않는다.

탄핵소추의 주체는 국회, 재적의원 3분의 1 이상의 발의가 있어야 하고 재적의원 과반수의 찬성이 있어야 탄핵소추는 의결된다. 다만 대통령에 대해서는 국회 재적의원 과반수의 발의가 있어야 하고, 재적의원 3분의 2 이상의 찬성이 있어야 의결된다. 이렇게 의결된 탄핵안에 대해서 헌법재판소는 재판관 6인 이상의 찬성으로 탄핵 결정을 할 수 있다. 2004년 당시 헌법재판소는 노 대통령에 대한 탄핵소추안을 기각시켜 노 대통령은 대통령직에 복귀할 수 있었다.

이러한 국회(입법부)의 탄핵소추권은 사실상 대통령, 국무총리, 국무위원 같은 행정부(집행부)뿐만 아니라 사법부까지도 견제하기 위한 헌법 제도다. 예컨대 사법부 구성원인 법관이 그 직무 과정에서 헌법이나 법률을 위반했을 경우, 동료나 후배 법관에게 정치적 압력을 부당하게 행사해 사법부 독립성을 훼손하고 공정한 재판을 방해하는 경우 탄핵소추 대상이 될 수 있다.

그런데 '탄핵'이란 말 좀 잔인하지 않은가? 모든 정치적 인물들이 '정의의 사도'가 되어 볼썽사납게 '심판' 받을 일이 없기를 바랄 뿐.

한 가지 더

'유권해석'이란? 국가의 권한 있는 기관에 의해 법의 의미내용이 확정되고 설명되는 것.

사회에서 잊힌 사람들에게 일자리를 선물하라!

2011년 미국 오바마 대통령은 경제살리기 뉴딜정책을 발표했다. 경기회복을 위해 사회기반시설 확충을 통한 일자리 창출 방안을 제안했으니, 최악의 불경기를 극복하기 위해서는 실업자 문제를 해결하는 것이 시급한 과제라고 판단한 오바마 대통령이 루스벨트식 경기부양책을 내놓은 것이다.

그럼 오바마 생각 이전의 원래 뉴딜정책은 무엇인가? 미국의 루스벨트 대통령이 공황 타개를 위해 펼쳤던 경제정책을 말한다. 당시에도 뉴딜정책은 대중에게 보다 풍요로운 삶을 가져다주겠다는 약속이었다. 1933년 취임한 루스벨트는 3R 정책, 즉 Relief(구제), Recovery(부흥), Reform(개혁)을 슬로건으로 내세우고 공황타개책을 내놓았는데, 이것은 미국 고유의 자유경쟁 원칙을 버리고 '집산주의(모든 농장이나 산업을 정부나 집단이 소유하는 정치제도)'를 취하는 것으로, 그 요점은 이렇다.

은행을 정부 감독 하에 두고, 파산 직전에 있는 회사 및 개인에게 크레디트(신용대출)와 보조금을 교부 구제하며, 생산 감소로 인한 농민의 불이익 해소 방안을 마련하고, 대규모 토목공사를 일으켜 실업자들을 소화하며, 사회복지정책으로 노동자의 단결권과 단체교섭권을 인정하고 실업보험과 최저임금제를 실시해 사회복지를 도모한다.

지금 들여다봐도 실로 '풍요로운' 정책임은 틀림없다. 1936년 대통령으로 재선된 루스벨트는 "부유한 사람들을 더욱 부유하게 하는 것이 아니라, 가난한 사람들을 풍요하게 하는 것이야말로 진보의 기준이다"라고 주장해 뉴딜정책의 방향을 좀 더 확고하게 밝히기도 했다.

그러나 7년간 시행된 뉴딜정책은 사실상 2차 세계대전 시작과 함께 마감됐다. 1943년 10월 루스벨트가 말한 대로 '뉴딜 선생(Dr. New Deal)'은 '승전 선생(Dr. Win the War)'에게 길을 양보하고 물러났던 것. 2차 세계대전 중에 힘이 세진 보수연합은 대부분의 사회안정책을 폐지했다. 날로 성장해가는 자본주의 하에서 '복지'는 더 이상 힘을 쓸 수 없었던 것이다.

하지만 뉴딜정책은 미국 정치와 정책의 중대한 변화였고, 그 '복지'를 향한 변화가 다시 한 번 미국사회를 흔들고 있는 것이다.

한 가지 더

'녹색뉴딜' 이란? 저탄소·친환경·자원절약 등을 뜻하는 '녹색' 성장전략에 일자리 창출을 뜻하는 '뉴딜' 정책을 합한 말.

실속보단 겉치레가 더 중요하다고요

언젠가 모 토론 프로그램의 주제는 "학교 내 주류반입 금지가 잘못된 음주문화의 해결책이 될까"라는 것이었다. 논란이 일고 있는 이 법안은 초·중·고등학교는 물론 대학교 내에서도 교육적 목적 이외의 주류반입이 적발되면 10만 원 이하의 과태료를 물게 한다는 것을 주요골자로 하는데, 참석자들은 이것이 근본 해결책이 된다는 입장과 그렇지 않고 이것은 단지 전시행정일 뿐이라는 입장으로 나뉘어 팽팽한 토론을 벌였다.

여기서 전시행정이란 무엇일까? 한마디로 표현하면 보여주기 위한 행정을 말한다. 내실을 기하기보다는 겉모습만 화려하게 치장해서 보여주는 것. 전시행정이란 실로 행정기관의 타성 가운데 하나인데, 실제로 내실을 갖춘 정책은 생색은 나지 않으면서 추진하기만 힘들고 과정도 복잡한 데 비해 전시행정은 바로바로 성과가 눈앞에 나타나고 칭찬받을 수 있으니 자꾸 '저지르고' 싶은 유혹을 가져오는 일인 것이다.

그러다보니 우리 사회 이곳저곳에서 벌이는 모든 정책은 일단은 전시행정 아닐까라는 의심을 받게 된다. 대표적인 게 지난 서울시장 시절 서울시가 추진했던 '한강 르네상스'와 '디자인 서울'. 이때 '담 없는 열린 마을 조성'과 같은 프로젝트도 깔끔해진 도시에 대한 즐거움을 주기보다 일부 시민들에게는 보도블록 교체와 같은 전시행정으로 보였다는 것이다. 한마디로 혈세 낭비라는 것.

작년 서울시장 선거 당시 유력한 시장 후보였던 안철수 서울대 융합과학기술대학원 원장은 만약 시장이 된다면 바꾸고 싶은 것이 무엇이냐는 질문에, 우리 행정이 지나치게 보이는 전시행정에만 치우쳐 있다고 지적하면서 "우리나라는 IT 산업도 하드웨어 중심인 것처럼 행정도 모두 하드웨어적이다. 행정은 물론 모든 분야의 소프트웨어도 더불어 강화하고 싶다"고 말한 바 있다. 우리 모두 새겨들어야 할 이야기 아닐까? 여러분 모두 요란한 겉모습에 현혹당하기보다 속을 꽉 채우는 일에 매진할지어다.

'선심성 공약'이란? 유권자 마음을 사려는 의도로 헛되게 남발하는 공약.

에비타의 간절한 꿈, 그러나 허망한 이상

멀고 먼 나라 아르헨티나는 우리에게 꽤 익숙하다. 걸출한 축구스타 디에고 마라도나가 있고, 브로드웨이 뮤지컬 〈에비타〉가 있는 것이다.

"Don't cry for me Argentina. The truth is I never left you……" (나를 위해 울지 말아요. 아르헨티나 나는 그대를 떠나지 않아요)란 가사의 이 노래, 바로 〈에비타〉의 여주인공 에비타가 부르는 노래다. 에비타는 에바 페론의 애칭. 그녀는 누구인가?

에바 페론은 1940년대 중반 아르헨티나 대통령 후안 페론의 부인이다. 시골 빈민층의 사생아로 태어나 나이 열다섯 때부터 생존을 위해 단역배우로 전전하며 밑바닥 삶을 경험하다 스물넷에 후안 페론을 만나 극적으로 퍼스트레이디가 된 인물. 그녀의 헌신 덕분에 대통령이 된 후안 페론은 이후 외국자본 추방, 기간산업 국유화 등과 함께 노동자와 서민들을 위한 파격적인 복지정책을 내놓아 인기를 끌었으니, 페론 시절의 정책이 바로 '페론주의'다.

페론주의는 흔히 대중영합주의를 일컫는 포퓰리즘의 전형적 예로 거론되는데, 이것은 사실상 노동운동과 파시즘을 결합한 기괴한 독재이념이라고도 할 수 있는 것.

페론이 페론주의를 펼쳐나갈 때 에바는 노동자와 여성의 지위 향상을 외치며 전국을 누볐다. 타고난 미모와 소외 계층에 대한 헌신과 애정 덕분에 그녀의 인기는 하늘로 치솟았으니, 그녀는 유능한 선동가로서, 탁월한 정치가로서, 또한 따뜻한 봉사자로서 아르헨티나 국민들로부터 '성녀'라 불리며 최고의 인기를 누리게 된다. 하지만 페론주의가 더욱 인기만을 좇는 포퓰리즘으로 흘러가면서 나라 경제는 차츰 무너져갔고 소외 계층 배려는 즉흥적이고 일회적인 선심성 정책에 머물렀다. 이렇듯 권력기반이 흔들리면서 에바는 34세 나이에 백혈병과 자궁암으로 짧은 생애를 마감하고 말았으니, 불멸의 뮤지컬 주인공답게 참으로 드라마틱한 인생을 살다 간 것.

이후 후안 페론도 오래가지 못했다. 55년 군부 쿠데타로 페론주의는 종말을 맞았다. 그리고 페론주의는 지금까지도 그 성과에 대한 논란만이 분분하다.

😊 **한 가지 더**

현재 아르헨티나 대통령은 전직 대통령 부인인 크리스티나 페르난데스. 미모와 인기 면에서 에바 페론에 비유된다.

1%를 위한 사회에 울리는 정의의 경종

2011년 10월 15일, 미국의 뉴욕 등 80개국 1300개 도시에서 사람들이 모여 "우리는 99%!"라고 분노의 목소리로 외쳤다. 무슨 말일까? 사람들은 왜 거리로 쏟아져나온 것일까? 이것이 일약 세계 뉴스를 점령한 '월스트리트 점령' 시위, '아큐파이 운동'이다.

이 아큐파이 운동의 시작은 미국. 얼마 전까지만 해도 세상은 잘사는 20%와 그렇지 못한 80% 계층으로 나뉘어 그런대로 그것이 순리인 듯 지내왔는데 어느 순간부터 20%와 80%의 비율이 1%와 99%로 나뉜 듯 빈부격차가 심화되었다. 여기서 1%는 잘나가는 월가의 부자들. 글로벌 금융위기를 일으킨 당사자인 금융회사들은 구제금융으로 연명하고서도 엄청난 액수의 보너스 잔치를 벌이고 신용평가사들은 책임을 회피하며 정부 정책책임자들은 월가와 한통속인 인물로 채워져 있는 현실. 이에 자신들의 처지가 나아질 희망이 없다고 판단한 99%가 분노를 터뜨린 것이다.

그리하여 이들이 내건 캐치프레이즈는 '반금융자본', '반빈부격차'.

이들의 '월가 점령' 시위는 삽시간에 전 세계적으로 공감대를 얻었고 웬만한 대도시에서 동시다발적으로 벌어지기도 했다. 99%가 분노하는 현실은 이렇다. 가난을 벗어나기 위해 열심히 노력하지만 정의는 사라지고 빈부격차만 날로 심해지는 현실. 중산층은 무너지고 서민층은 빈곤층으로 전락하며 평생을 일해도 집 한 채 장만하기 어려워 전월세로 전전하고 실직자가 거리를 메우며 청년백수 한숨소리에 땅이 꺼질 듯한 현실. 하지만 1%는 점점 더 부자가 되는 현실.

미국의 경제현실과 크게 다르지 않은 우리나라의 99%도 이에 동참했다. '서울 점령' 시위가 등장한 것. 시위 참가자들은 미국의 경우 1%가 거대금융이라면 한국의 경우 1%가 재벌들이며 그들이 부를 독점하고 있다고 주장했다. 고액 등록금과 청년실업 문제, 물가 상승, 전세값 폭등 등이 양극화의 폐해라고. 월가 점령과 달리 짧은 이벤트로 끝나긴 했지만, '99%의 분노'가 준 시사적 울림은 크다.

결국 이들의 분노를 사그라지게 하는 것은 '복지' 정책의 확대일 텐데. 그래도 미국 부자들은 스스로 세금을 더 걷어 빈곤층 복지를 늘려야 한다고 제안하기도 하고 솔선해서 통큰 기부를 하기도 하는데, 한국 재벌들은 사실상 기부와 복지에 인색한 것이 현실 아닌가.

'자본주의 4.0'이란? 신자유주의를 대체할 새로운 경제 패러다임. 다 같이 행복한 성장을 추구하는 따뜻한 자본주의를 말함.

더 이상 거짓말하지 않겠다는 선서

'공약'은 그 공약을 내건 사람의 삶을 드러내는 것이다. 매니페스토의 어원은 '증거' 또는 '증거물'이라는 의미의 라틴어 마니페스투(manifestus). 이 말이 '과거 행적을 설명하고, 미래 행동의 동기를 밝히는 공적 선언'이라는 의미로 전용되어 오늘의 뜻을 갖게 되었으니, 즉 매니페스토란 '참공약 선택하기'다. 매니페스토운동이란 후보의 공약이 진짜 좋은 건지 찬찬히 한번 따져보자는 것.

그렇다면 무엇을 어떻게 평가한단 말인가? 평가 기준으로는 공약의 구체성(specific), 검증 가능성(measurable), 달성 가능성(achievable), 타당성(relevant), 기한 명시(timed)의 5가지가 있다. 이 5가지 영어 첫자를 따서 '스마트(SMART)지수'로 공약을 분석 및 평가한다. 또 공약의 지속성(sustainability), 자치력 강화(empowerment), 지역성(locality), 후속조치(following)의 첫자를 딴 셀프(SELF)지수도 평가 기준.

이것을 누가 평가하는가? 현재 한국매니페스토실천본부에서 펼치고 있는 한국형매니페스토운동은 중립적 입장에서 출마자의 과거 행적을 살펴보고 그의 미래 계획을 검증하면서 유권자들의 현명한 판단을 유도하고 있다. 또한 선거 이후에는 주기적으로 당선자의 약속이행 여부를 스스로 발표하게 하고 유권자들과 함께 꼼꼼히 따져보며 이를 다음 선거에서 선택 기준으로 삼게 한다. 매니페스토운동이 활성화되면 과거에 두루뭉실하게 선심쓰듯 남발하던 공약은 발붙일 곳이 없어지고 후보 스스로를 정확히 표현할 수 있는 구체적 정책만이 등장할 것이다.

결국 매니페스토란 거짓말 안하기 운동이나 마찬가지. 그렇다면 어디 선거공약만이 문제겠는가. 생활문화 속에서 이루어지는 매니페스토란 "자신의 이익만을 주장하며 첨예한 대립으로 치닫는 갈등과 분열을 바로잡고 서로의 차이를 존중하고 이해하며 합의하는, 따듯한 약속을 만들고 실천하는 일을 도와주는 운동"이다. 또한 기업의 사회적 책임 매니페스토란 기업이 소비자와 지역사회에 기여할 것을 따뜻이 약속하고 실천하는 것. 실로 아름다운 운동이다.

😊 한 가지 더

'옴부즈만'이란? 일반적 뜻은 국민의 이익을 옹호하는 대변인, 구체적 뜻은 부당·부정한 행정기관에 대한 감시 감찰, 또는 고충을 처리하는 제도.

뜨겁고 어둡고 명랑한 우리들 사회

오디션

> 궁하면 변하고, 변하면 통하며,
> 통하면 오래간다.
>
> 《주역》〈계사전〉에서

싸이코 패스

도가니

분노의 도가니를 만든 광란의 도가니

도가니란 아주 옛날 불에 쇠를 녹일 때 그것을 담았던 그릇, 즉 '부글부글 끓어대는 아주 뜨거운 것을 담는 그릇'이다. 그것이 현재는 아주 뜨겁고 흥분어린 감정이 한 곳에서 부글부글 끓는 형태를 은유하는 표현으로 쓰여, 감동의 도가니를 이루고 분노의 도가니를 만들고 있다. 긍정적, 부정적 의미 모두에 적용되어 오직 뜨거운 기운을 뜻하는 말인 것. 그런데 2011년 한국사회가 이 도가니 열풍에 휩싸였다. 한 편의 영화 〈도가니〉에서 촉발된 도가니 논쟁은 결국엔 이 사회에 '정의란 무엇인가'라는 녹록찮은 질문을 던졌는데.

도가니에 얽힌 사연이란 무엇인가? 청각장애 특수학교인 광주인화학교에서 실제로 일어난 장애학생 성폭행 사건 마지막 선고공판이 있던 날, 젊은 인턴기자는 그날의 법정 풍경을 짧게 스케치했다.

"집행유예로 석방되는 그들의 가벼운 형량이 수화로 통역되는 순간 법정은 청각장애인들이 내는 알 수 없는 울부짖음으로 가득 찼다.” 이 기사를 본 작가 공지영은 여기에서 모티브를 얻어 소설 〈도가니〉를 쓰게 되었고, 이 소설을 원작으로 영화 〈도가니〉가 만들어졌으며, 이 영화를 본 사람들이 그 말도 안 되는 ‘광란의 도가니’를 보고 급기야 ‘분노의 도가니’에 빠져버린 것.

도가니는 우리 사회에 내재해 있는 사학의 부조리, 장애인에 대한 차별과 인권침해 현상을 한 편의 영화를 통해 적나라하게 고발한 우리들의 부끄러운 자화상이다. 그런데 이 당장의 부끄러움으로 ‘도가니법’을 만들고 장애인 성폭력 사건 처벌을 강화한다고 해서 제2, 제3의 도가니 사건을 막을 수는 없는 것. 사실상 문제의 핵심, 사건의 본질은 우리 사회 저변의 권력이다. 힘없는 자의 소리가 아무 울림을 갖지 못하는 사회의 구조적 모순이 문제인 것. 그래서 우리는 이 도가니 사건을 접하고 단순한 흥분의 도가니에 빠질 것이 아니라 근본적인 삶의 질문 ‘정의란 무엇인가’를 생각해보는 ‘숙고의 도가니’에 들어가야만 하는 것.

‘도가니법’이란? 장애인, 아동에 대한 성폭행 범죄 처벌을 강화하는 ‘성폭력범죄’처벌 특례법.

정액제 대 종량제, 살아 있는 요금제 불씨

'종량제'라 하면 물품의 무게나 길이, 용량에 따라 세금이나 이용 요금을 매기는 제도를 말하는 것. 쓰레기 배출량에 따라 그 처리비를 차등 부과함으로써 쓰레기 배출량이 늘어나면 처리비도 그만큼 많이 부담하는 제도는 쓰레기종량제. 그렇다면 인터넷종량제란?

이것은 인터넷 사용시간과 데이터 전송량에 따라 요금을 부과하는 제도를 말하는 것. 인터넷정액제와 상대되는 이 개념은 2002년 말부터 ISP(인터넷서비스 제공사업자)가 제기해온 요금제. ISP들에 따르면 인터넷 상위 5% 사용자가 전체 데이터량의 43%를 차지하고 있어 대부분의 가입자에게는 정액제가 오히려 불평등하고, 종량제가 시행되면 파일교환서비스(P2P)를 통한 음란물이나 불법복제물 유통 등 불필요한 인터넷 사용이 줄어들어 업체와 소비자 모두에게 이익이라고 주장하는데.

반면 인터넷종량제 반대 입장은 인터넷 이용자들의 경제적인 부

넷째 어휘군
뜨겁고 어둡고 명랑한 우리들 사회

담이 높아지며, 이로 인해 인터넷 활용도가 떨어짐으로써 인터넷을 통한 정보소통량이 극심하게 저하될 우려가 있다고 주장. 결국 정보격차는 빈부격차를 불러올 터. 또한 인터넷 기반 산업뿐만 아니라 인터넷으로 업무를 진행하는 거의 모든 산업에 손실을 가져오게 되어 국가 경제발전에 치명적인 손상을 입게 될 것이라는데.

현재 인터넷종량제를 도입하고 있는 나라는 경제협력개발기구(OECD) 23개국 중 오스트리아와 벨기에 두 나라. 오스트레일리아, 캐나다 등 6개 국가는 종량제와 정액제 서비스를 병행하고 있으며 한국과 미국, 일본 등 나머지 15개국은 모두 정액제를 시행하고 있다. 그런데 이들 종량제를 채택한 나라는 현재 어떤 글로벌 아이티(IT)기업도 없는 나라들 아닌가.

결국 인터넷종량제 논란의 핵심은 이 제도의 도입으로 누가 혜택을 보는가 하는 것. 아이티 선진국인 한국에서는 갈수록 데이터 트래픽이 증가하고 있고 스마트폰이 대세인 지금은 무선 인터넷까지 포함해서 폭발적으로 사용량이 늘어나는 추세. 이로써 망을 폭발적으로 늘려야 하는데 이것에 드는 '돈'을 마련하고자 망 사업자들이 종량제를 주장하는 것은 아닌지. 진정 소비자를 위한 것일까 의심이 드는 것이 사실이다.

😊 **한 가지 더**

'휴대폰 가격표시제'란? 실 판매가 중심으로 가격 표시를 통일하겠다는 목표로 시작되었으나 현재는 유명무실해짐.

국적선택의 자유인가
위법의 온상인가

대한민국 국적법은 '속인주의'를 원칙으로 속지주의를 보충하고 있다. 또한 부모양계혈통주의를 표방하고 있어, 출생 당시 부모 중 어느 한 사람이라도 한국 사람이면 그 자녀는 출생과 동시에 한국 국적을 취득하게 된다. 그리고 출생 전 아버지가 사망한 유복자의 경우 그 아버지가 사망한 당시 한국 사람이었으면 출생과 동시에 한국 국적을 취득하게 된다. 우리나라에서 출생한 자로서 부모가 모두 분명하지 않거나 국적이 없는 자도 한국 국적을 취득하게 된다.

하지만 대한민국 국민으로서 자진해 외국국적을 취득한 자는 그 외국국적을 취득한 때에 대한민국 국적을 상실한다. 또한 대한민국 국적을 취득한 외국인으로서 외국국적을 가지고 있는 자는 대한민국 국적을 취득한 날부터 6개월 내에 그 외국국적을 포기해야 한다. 만약 그렇지 않으면 대한민국 국적이 상실된다. 그리고 1998년 개정된 현행 국적법은 출생 등 각종 이유로 20세 이전에 이중국적이 된 사람은 22세 이전에, 20세 이후에 이중국적을 갖게 된 사람은 2년 내 하나의 국적을 선택하게 되어 있다.

한국사회에서 이중국적은 논란거리다. 이중국적자는 범법자로까지 취급받으며 찬반논란이 끊이지 않는데, 이유가 뭘까? 우선 반대 측 주장. 이중국적이 허용되면 이는 병역회피와 특례입학 수단으로 악용되어 기득권층의 이익 실현수단이 될 것이며, 납세 등 국민의 의무는 회피한 채 의료보험 혜택 등 권리만 챙길 경우 내국인과의 형평성 문제가 제기된다는 것.

그리고 찬성측 주장. 일부 특권층의 기회주의적 행태를 막으려고 대다수 국민의 국적 선택의 자유를 막아서는 안 된다는 것. 또한 많은 고급인력들이 해외활동을 위해 한국 국적을 포기하는 사례가 많은 만큼 글로벌 인재경쟁에서 뒤처진다는 것.

과연 이중국적은 절대악일까? 이중국적이 병역이나 납세의무 회피수단으로 악용되는 것만 세심히 관리할 수 있다면 이제 허용되어도 좋지 않을까? 여전히 한국사회에서 부정적 시선이 많지만, 결국 국가라는 것을 무소불위 권력이 아닌 하나의 합의단체로 본다면 왜 우리가 하나의 단체만 선택해야 하는지도 생각해볼 문제다.

한 가지 더

근대적 의미의 국가와 국민 관계는? 국가는 국민에게 물리적, 정신적 안녕을 보장하고 국민은 국가가 요구하는 의무에 충실하기로 약속한 하나의 계약관계.

'말로 하는 낚시'에 조심 또 조심!

피싱(phishing)은 '개인정보(private data)'와 '낚시(fishing)'를 뜻하는 영어를 합성한 조어. 보이스피싱이란 전화로 사람을 기망하여 이득을 보는 사기, 즉 전화금융사기 수법을 말한다. 사람이 사람을 속여 이득을 취하는 사기의 신종 형태인 것.

그 행태를 볼라치면, 우선 누군가 전화를 건다. 그리고 주로 사람들이 쉽게 믿을 수 있는 기관을 사칭해서 상대방의 주민등록번호, 신용카드번호, 은행계좌번호 등을 알아내고 현금을 인출하거나 다른 용도로 사용하는 것이 일반적 사례. 처음에는 국세청 등 공공기관을 사칭해 세금을 환급한다는 빌미로 피해자를 현금지급기(ATM) 앞으로 유도하는 방식이 많았으나, 이 같은 수법이 널리 알려진 뒤에는 피해자가 신뢰할 수 있도록 사전에 입수한 개인정보를 활용하는 등 다양한 수법들이 새로 등장했다. 예를 들어 자녀를 납치했다거나 자녀가 사고를 당했다고 속여 부모에게 돈을 요구하는 형태, 택배회사나 우체국을 사칭해 우편물이 계속 반송된다는 구실로 개인정보를 요구하는 형태, 대학입시에 추가 합격했다며 등록금을 입금할 것을 요구하는 형태 등.

그렇다면 이러한 피해를 막기 위해서는 어찌해야 할까? 한국인터넷정보원(KISA)은 '보이스피싱 예방 10계명'을 정하기도 했는데, 어찌되었든 기본적으로는 수상한 전화, 수상한 사람과의 친절한 대화를 피해야 한다는 것. 혹시라도 속아서 전화사기범들 계좌에 자금을 이체했거나 개인정보를 알려준 경우에는 즉시 관계 기관에 신고하고, 거래 은행에 지급정지를 요청하고 금융감독원이나 은행을 통해 개인정보노출자 사고예방시스템에 등록, 추가 피해를 최소화해야 한다고.

아무튼 점점 진화하는 보이스피싱 형태를 보면 인간의 사행심을 교묘히 자극하는 것들인데, 경품에 당첨되었다고 하든지 어떤 뜻밖의 횡재를 제시하면 사람 마음은 이에 들뜨기 마련인 것. 이 세상 어디에나 낚시꾼은 있기 마련이지만 낚시를 한다고 해서 다 물고기를 잡을 수 있는 것은 아니듯, 공연한 낚시에 걸려들지 않기 위해서는 세상에 '요행수란 없다'는 것을 알고 정신 바짝 차리는 수밖에.

😊 한 가지 더

'카드론피싱'이란? 신용카드 정보를 이용, 카드론대출을 받은 뒤 입금된 현금이 불법자금이라며 자신들의 지정계좌로 송금하게 해 돈을 가로채는 신종범죄.

비폭력 시위, 꿈을 향한 찬란한 몸짓인가?

즐거운 저항이라 할 수 있을까? 촛불집회는 광장 등에서 야간에 촛불을 들고 벌이는 집회를 말한다. 이때의 촛불은 "자신의 몸을 불살라 주위를 밝게 비춘다는 점에서 희생을, 약한 바람에 꺼지면서도 여럿이 모이면 온 세상을 채운다는 점에서 결집을, 어둠 속에서도 빛을 잃지 않고 새벽을 기다리는 불꽃이라는 점에서 꿈과 기원을 의미"한다는데.

이 시대 '진실을 보는 또 하나의 눈'이 된 촛불집회의 시작은 1968년 미국에서 베트남 전쟁에 반대하는 반전시위의 하나로 마틴 루서 킹 목사 등 반전 운동가들이 주도한 것. 애초의 촛불집회는 침묵시위 형태로 진행되며 보통 비폭력 평화시위를 상징했다. 촛불집회는 시각적 효과가 커 사람들의 이목을 집중시킬 수 있고 야간에 이루어지기 때문에 하루 일과를 끝낸 시민들의 자발적 참여가 용이하다는 장점을 지닌다.

국내에서의 촛불집회는 2002년 효선과 미선 양이 훈련 중이던 미

|넷째 어휘군|
뜨겁고 어둡고 명랑한 우리들 사회

군 장갑차에 희생된 사건 이후 이들을 추모하자는 한 네티즌의 제안으로 처음 시작되었다. 이것이 시민들의 공감대를 크게 형성한 이후 국내 정치적, 사회적 문제가 불거질 때마다 시민들은 촛불을 들고 광장에 모여 새로운 시위 형태를 만들어냈는데, 우리나라 촛불집회는 '집회 및 시위에 관한 법률'에서 "일몰 후 옥외집회 또는 시위를 금지"하며 다만 "문화행사 등은 예외로 한다"는 조항 때문에 문화제 형태로 흥겹게 이루어지는 특징을 갖는다.

새로운 커뮤니케이션 양식으로 등장한 대중 주도의 촛불집회 성격을 놓고 그 가치를 평가하는 목소리는 다양하다. 이것이 새로운 소통양식을 적극 이용한 '군중의 지혜'라는 입장이 있는 반면 소수가 선동하는 파시즘적 행태라는 우려의 목소리도 있는 것.

사실상 깊은 사유는 없고 오직 자기주장만 쏟아내는 것이 대한민국 정치계의 현실인즉, 깊은 토론과 깊은 공감이 함께한다면 직접민주주의의 새로운 실험으로서의 촛불집회는 날로 진화해갈 수 있을 듯.

한 가지 더

'광우병 촛불시위'란? 2008년 쇠고기 수입재개 협상 내용에 반대 의사를 표시하기 위해 학생과 시민들 주도로 진행된 촛불시위.

언제까지나 식지 않을 뜨거운 감자

현재 농업은 생산이 아닌 발명 수준인 듯. 영어 머리글자를 따서 GMO라고 하는 유전자 변형 작물은 유전자 재조합 기술을 이용해 어떤 생물체의 유용한 유전자를 다른 생물체 유전자와 결합시켜 특정한 목적에 맞도록 유전자 일부를 변형시켜 만든 생물체를 말하는 것. 그 종류에 따라 유전자재조합농산물(GMO 농산물), 유전자재조합동물(GMO 동물), 유전자재조합미생물(GMO 미생물)로 구분한다.

이것은 왜 만들어진 것일까? 애초의 동기는 식량위기의 '착한' 대안이었다. 유전자를 좀 바꿔봤더니 그 수확량이 기존의 것과는 비교할 수 없이 커졌던 것. 이로써 미래의 식량문제를 해결할 수 있는 소박한 꿈이 이루어지리라 환호한 것이다. 현재 지엠오의 힘은 상당하다. 최근 집계를 보면 세계 콩 재배면적의 77%에서 지엠오 콩이 재배된다는데. 옥수수, 목화, 유채까지 합치면 세계 재배면적의 44%에서 지엠오 작물들이 자라고 있고, 이것이 우리 식탁에 점점 큰 비

|넷째 어휘군|
뜨겁고 어둡고 명랑한 우리들 사회

중으로 오르고 있는 것이 현실. 따라서 지엠오의 안정성 문제가 끊임없는 논란의 중심에 서 있는 것이다.

그렇다면 많은 소비자들을 갈팡질팡하게 만드는 GMO, 무엇이 문제인가? '과학'을 근거로 지엠오의 안정성을 주장하는 측이 있는가 하면 또 '과학'을 근거로 생태계 교란을 염려하는 시선이 있는데. 유전자변형식품은 이전까지 먹어오던 식품과는 다른 단백질 구성 때문에 인체 내에서 정확히 어떤 반응이 올지 모르는 것. 그런데 그 부정적 반응을 살피기에는 사람의 세대 간 시간이 길어 아직 충분한 안정성 검사가 없다는 점이 문제다. 사실상 서유럽 국가 환경단체들은 GMO 곡물을 프랑켄슈타인 같은 괴물이나 먹는 식품이라고 폄하하며 '프랑켄푸드'라고 부른다는데.

현재 지엠오는 흔히 알고 있는 식품뿐만 아니라 의약품, 신소재 개발 등 다양한 분야에 응용되고 있는바, 식량문제 해결 차원을 떠나 의약품에 이용, 질병치료에 사용되기도 한다. 그렇기에 적절한 이용 사례와 부적절한 남용 사례를 어떻게 구분하고 대처할 것인가가 늘 '뜨거운 감자'로 남아 있는 것.

'GMO표시제'란? 유전자변형 농수산물을 표시하는 제도.

무한경쟁사회가 권하는
인간의 극단적 유형

정신과적 진단명은 '반사회적 인격장애'. 겉은 멀쩡하면서도 끔찍한 범죄를 태연히 저지르는 이들을 일컫는 개념이 사이코패스다. 왜 그렇게 됐을까? 이들은 감정을 지배하는 전두엽 기능이 일반인의 15%밖에 되지 않아 타인의 고통에 무감각하고 양심의 가책을 느끼지 않는다고 한다. 선천적 정신질환이다.

고통에 무감각하므로 자신이 저지른 죄의 대가로 받게 될 처벌을 두려워하지 않고 극악한 범죄를 저지를 가능성도 일반 범죄자들보다 높다. 또 공격적 성향을 억제하는 분비물인 세로토닌이 부족해 사소한 일에도 강한 공격적 성향을 드러낸다고 한다. 이 같은 사이코패스 성향은 평소에는 잠재되어 있다가 범행을 통해서만 밖으로 드러나기 때문에 주변 사람들이 알아차리지 못하는 것이 특징이다.

양심이라거나 미안함이라는 정서적 기능이 부족한 사이코패스는 경쟁사회에서는 오히려 성공한 사람이 될 가능성이 높은 아이러니

를 보이기도 하는데, 즉 자신의 이익을 위
해서 타인을 이용하고 비양심적으로 행동
하는 데 아무런 거리낌이 없기 때문. 이러한
유형을 일러 '성공형 사이코패스'라 하기도.
이렇듯 사이코패스는 범죄자에게만 국한된 개

념이 아니다. 일본의 범죄심리학자 니시무라 박사는 사이코패스를
'정장 차림의 뱀'이라고 말했고, 캐나다 심리학자 로버트 헤어는 사
이코패스의 전형적인 모습을 '화이트칼라 사이코패스'에게서 찾기
도 했다. 우리 주변의 평범한 사람이 사이코패스이기도 한 것. 그리
고 로버트 헤어는 PCL-R이라고 부르는 사이코패스 진단법을 개발
했는데, 40점이 최고점인 이 진단법에서 연쇄살인범 유영철은 34점
을 기록, 전형적 사이코패스로 판정받았다. 일반인 경우에는 보통
15~16점을 기록한다고.

　그렇다면 이들을 어찌해야 하는가? 사이코패스가 선천적 질환일
진대, 이러한 성향이 적극적으로 발현되지 않도록 사회적 환경과 예
방시스템을 구축하는 일이 필요하다. 그리고 서로서로 늘 소통하는
것이 무엇보다 중요한 일.

😊 **한 가지 더**

소시오패스(Sociopath)란? 선천적 질환은 아니지만, 자신의 성공을 위해 어떤 나쁜 짓을 저
질러도 전혀 양심의 가책을 느끼지 않는 사람.

빈곤층을 위한 '석유' 복지 상품권

'바우처'는 사전적으론 증서 또는 상품권을 뜻하는 말. 원래 마케팅에서 특정 상품의 판매를 촉진하기 위해 사용하는 기법 중 하나였으나 현재는 사회보장제도에서도 이 방식을 도입하고 있다. 사회보장제도 수혜자에게 현금 대신 상품권을 지급해 보조의 실효성을 높이는 제도인 것. 그러나 '바우처' 란 말 자체가 좀 어려워 일반 국민들이 그 개념을 이해하는 게 쉽지 않은 듯.

사회보장제도에서 바우처 제도가 탄생하게 된 주요 원인은 사회보장의 바탕이 될 상품을 판매하는 공급자의 이익을 보호하고, 또한 사회보장제도의 수혜자가 정부 의도대로 움직이지 않을 것에 대비한 것. 현재 주택 바우처, 교육 바우처 등 여러 바우처들이 제도적으로 논의되고 있고 실행 중인데.

그 중 에너지바우처라는 것은 에너지가 꼭 필요한 빈곤층을 지원하는 제도다. 즉 현재 기름값이 엄청나게 올라 있는 상황이라 생계

형으로 차를 몰아야 하는 사람들은 기름값 부담이 그야말로 최고의 압박단계라 했을 때, 정부가 이에 대한 대책으로 내놓을 수 있는 방안은 두 가지가 있다. 우선 기름값에 들어 있는 세금을 깎아주거나 기름값에 돈을 보조해서 기름값을 낮추는 방안. 이를 실행하려면 엄청난 돈(세금)이 들어가게 될 뿐 아니라 사실상 서민들보다 대형승용차를 혼자 몰고 다니는 부유층이 더 많은 혜택을 보기 마련인 것. 게다가 기름값을 일시적으로 내리면 수요 공급의 원칙에 따라 수요가 늘어나고 다시 가격이 오르게 되는 악순환에 빠지며 결국 모든 상황의 막바지는 서민층의 더 큰 고통으로 귀결될 뿐.

그래서 등장하는 두 번째 방안이 바로 에너지바우처. 이것은 정부에서 생계를 위해 기름을 사용해야 하는 서민층(개별 화물운송업자 등)만을 대상으로 바우처(쿠폰)를 주면 바우처를 가진 사람이 주유소 등에 가서 기름을 넣으면서 바우처를 주유소에 주고 주유소는 기름값에서 바우처에 지정된 금액만큼 기름을 넣은 사람에게 깎아주고 바우처는 정부에 갖다주어 적게 받는 기름값만큼 정부에서 받는 방식. 아직 실행 전인 복지제도다.

😊 **한 가지 더**

'문화바우처' 제도란? 기초생활수급자 및 차상위 계층이 공연, 전시, 영화, 도서 등의 문화예술프로그램을 관람, 구매할 수 있도록 지원하는 제도.

열 받은 세상에서 탄소를 사고팔다

시작은 지구온난화다. 초고속 경제성장을 이루느라 과다한 화석연료를 사용하고 자연을 파괴한 결과가 대기 중 온실가스(이산화탄소, 메탄, 일산화질소 등) 농도증가로 나타났으니, 이로써 지구는 뜨거워 몸살을 앓게 되었고, 이 뜨거워진 지구를 구하느라 세계가 머리를 맞대 탄소배출량을 규제하기에 이른 것. 즉 어쩔 수 없는 산업화의 부산물인 탄소배출이 하나의 권리로 등극해 사고파는 거래대상이 된 것이다.

그러니까 탄소배출권 거래제는 온실가스 배출을 줄이고자 하는 세계의 자정 노력으로, 각 국가마다 온실가스 배출량의 한도를 정해 놓고 한도를 채우지 않은 국가와 한도가 모자라는 국가 사이에 배출량을 거래할 수 있게 만든 제도다.

교토의정서에 따르면 의무당사국들은 1990년 배출량을 기준으로 2008년에서 2012년까지 이산화탄소 배출량을 평균 5% 수준으로 줄여야 한다. 그리고 탄소배출 감축에 성공한 나라들은 감량한 양만큼의 탄소배출권을 사고팔 수 있게 되었으니. 이에 따라 석유화학 기업 등 이산화탄소 배출량이 많은 기업들은 이산화탄소 배출 자체를 줄이거나 배출량이 적은 국가의 조림지 소유업체로부터 권리를 사야 한다. 한국은 2013년 2차 의무대상국 지정이 유력한 상황이다.

그럼 요즘 가끔씩 신문지상을 점령하는 '탄소캐시백제도'란? 이 것은 에너지효율이 높은 전자제품을 구입하면 탄소 포인트가 지급 되어 대중교통이나 수도, 전기요금 결제 등에 사용할 수 있게 하는 제도. 국민 개개인이 기후변화의 주범인 온실가스(온실기체) 감축 활동에 직접 참여하도록 유도하는 제도다. 국제에너지기구(IEA)에 따르면 에너지 절약과 효율화로 온실가스 배출을 3분의 1 이상 줄일 수 있다고 하는데, 이로써 '절약'을 제5에너지라고 홍보하는 것. 그 런데 모든 제도가 구체적인 효율성을 갖춰야 하는 것은 기본일 텐데, 탄소 포인트라는 것이 아직은 조금 애매한 개념인 듯.

'교토의정서'란? 지구온난화 규제와 방지를 위한 국제협약. 1997년 12월, 일본 교토에서 개최 된 기후변화협약이다.

이것은 정보 메시아인가,
사이버 테러리스트인가

위키리크스란
정부와 기업, 단체의 불법·비리 등 비윤리적 행위를 알린다는 목
적으로 2006년 12월 아이슬란드의 수도 레이캬비크에서 설립된 고
발 전문 웹사이트. 이 사이트와 관련된 인물 중 유일하게 신원이 밝
혀진 사람이 언론의 자유와 검열 반대를 주장해온 전문 해커 출신의
설립자 줄리언 어샌지다.

그가 말하는 위키리크스의 존재 이유는 바로 국민의 알 권리 충족.
그리하여 국민들 스스로 중요한 결정을 내릴 수 있도록 필요한 정보
를 제공해주는 것이라는데. 위키리크스가 수집하는 정보는 모두 수많
은 익명의 제보자들에 의한 것으로, 전문가가 아니더라도 누구나 글
을 쓰고 공개 토론할 수 있는 사이트로 운영된다. 하지만 모든 제보가
사이트에 올라가는 것은 아니고, 여러 전문가들과 검열 그룹이 정보
의 신뢰성을 검증한 후 믿을 만한 정보만 추려 올리는 식.

그동안의 결과물을 보면, 아프리카 연안에서의 유독물질 투기 관

련 메모, 영국 극우파 정당(BNP) 당원 명부, 쿠바 관타나모 미국 해군기지 수용소의 운영 세칙, 스위스은행 관련 문건 등을 폭로하고, 사이언톨로지의 실태와 케냐 정부의 부패 등을 고발. 2010년에는 이라크에서 미군 아파치 헬기가 기자를 포함한 민간인 12명을 사살하는 동영상, 아프가니스탄 전쟁과 이라크 전쟁 관련 기밀 문건 수십만 건을 공개해 전 세계에 큰 충격을 던졌다.

그런데 현재 어샌지의 위키리크스, 위키리크스의 어샌지는 곤경에 처해 있는 현실. 어샌지가 성추행 사건에 휘말리면서 위키리크스의 존재감이 하락하고 그가 정보 메시아인지 사이버 테러리스트인지, 양심적 십자군인지 자아도취에 빠진 정보사기꾼인지를 두고 설왕설래하고 있는 것. 하지만 분명한 것은 어샌지의 위키리크스가 터트린 굵직한 폭로들이 미국을 비롯한 각국 정부와 기업들에게 위협적이었다는 사실. 이로써 정보 부재 상태의 대중들이 세상의 어두운 이면의 진실을 가늠해볼 수 있었다는 것.

최근 국내에도 현실정치를 풍자하는 팟캐스트 방송이 많은 사람들의 귀를 사로잡고 있는데, 사실상 언론이 제 역할을 수행하지 못하는 현실이 이런 폭로 방송을 제작해낸 것으로 볼 수 있다.

😊 **한 가지 더**

'케이블 게이트'는 위키리크스가 2010년 11월 미국의 기밀 외교문서를 다량 유출시킨 사건. 그 내용은 '최후의 심판 파일'이라고도 함.

끼니 걱정 없는 세상을 향한 '합리적 기부'

푸드뱅크는 '잉여식품 재분배 은행', 즉 먹거리 저축은행이다. 식품의 생산, 유통, 판매 과정에서 발생하는 잉여 농산물이나 낭비되는 음식물을 기부받아 빈곤층이나 복지시설에 무료로 배포하는 일종의 음식물 중계소. 아깝게 버려지는 먹거리로 어려운 이웃을 돕고 자원낭비도 줄이는 일석이조 효과를 거두는 합리적 기부 시스템을 지향한다.

굶주림을 줄이고자 하는 이 시스템은 1967년 미국에서 처음으로 시작되었고 현재는 캐나다, 프랑스, 독일, 오스트레일리아 등에서 활발하게 운영되고 있다. 아시아권에서는 한국과 필리핀에서 운영되고 있다. 푸드뱅크가 우리나라에 도입된 해는 1998년. 당시 외환위기 이후 대량실직 등으로 사회복지체계가 위기를 맞으면서 정부 차원의 대책마련이 절실했다. 해마다 급증하는 음식물쓰레기를 줄이려는 노력과 맞물리면서 이러한 식품은행 필요성은 더욱 커졌다.

서울·부산·대구·경기 과천 4개 지역이 푸드뱅크 시범사업 대상
으로 선정됐고 2006년 '식품기부 활성화에 관한 법률'이 제정돼 법
적 근거를 마련했다.

푸드뱅크는 식품을 모으고 관리하고 분배하는 일과 식품 기탁 관
련 조사와 연구를 병행하는 한편 푸드뱅크에 대한 홍보와 국제 교
류에도 힘쓰고 있다. 또한 실직 노숙자와 독거노인, 장애인 등을 위
한 무료 급식소를 운영하고 결식아동을 위한 지역 공부방 급식도 실
시하고 있다. 하지만 열악한 인프라와 부족한 전담인력, 인색한 기
부문화 등은 푸드뱅크 활성화에 걸림돌이 되고 있는데, 이 중 푸드
뱅크가 여지껏 본 궤도에 오르지 못하는 가장 큰 이유는 아마도 '기
부'에 대한 인식 부족일 듯.

식품 기부업체들은 생산부터 판매까지의 과정을 거쳐 남은 '잉여
식품'을 기부하는데, 최근 경기침체가 장기화되면서 생산이 줄어든
만큼 기부품도 줄 수밖에 없으니, 잉여식품 기부가 아닌 생산단계
부터 기부품 물량을 염두에 둔 기획생산이 이루어져야 진정한 기부
라 할 수 있지 않을까? 물론 개인 차원의 기부문화 또한 나날이 상
승해야 할 테고.

😊 **한 가지 더**

색안경 쓰고 들여다본 인간 군집들

색깔로 사람들을 집단 분류하는 인간의 습성은 꽤나 오래되었다. 그 중 가장 유명한 개념이 화이트칼라와 블루칼라. '화이트칼라'라고 하면 일반적으로 신사복이나 와이셔츠 차림으로 작업을 할 수 있는 직업 계층, 즉 사무노동자를 가리키는 말. 그리고 이러한 화이트칼라의 대조군이 바로 '블루칼라'. 작업복으로 갈아입고 작업하는 계층, 즉 현장 작업에 종사하는 생산노동자를 가리킨다.

그런데 과학기술이 발전한 현대사회에서는 생산노동자의 작업 내용도 과학적인 요소를 강하게 띠게 되었고, 따라서 종래의 블루칼라와는 달리 화이트칼라적인 작업에 종사하는 블루칼라들, 사실상 블루칼라화한 사무근로자 혹은 서비스산업 종업원이 늘어났으니, 이들을 일컫는 말이 '그레이칼라'. 그러니까 그레이칼라는 화이트칼라와 블루칼라의 중간층인 것.

그리고 등장한 용어가 '골드칼라'. 골드칼라란 '두뇌를 활용해 높은 시장가치를 창출하는 업무'를 하는 사람을 가리키는 말. 블루칼라나 화이트칼라가 일할 때 입는 옷 색깔에서 유래된 말인 데 비해 골드칼라는 '금처럼 반짝이는 아이디어와 창의성'을 가진 사람들임을 강조하기 위해 붙여진 말. 여기에는 연구과학자, 설계기술자, 엔지니어, 회계사, 시스템분석가, 마케팅전략가 등이 포함된다. 이들은 전문성에 기초한 고도의 문제해결 능력과 창의력을 지녔으며, 업무처리 과정이 유연하고 자발적이며 철저한 성과와 보상을 추구한다. 그러니 조직에 대한 충성심은 당연히 약할 수밖에.

그리고 또 하나의 두뇌 노동자 군집을 일컫는 말이 '실리콘칼라'. 화이트칼라의 뒤를 잇는 새로운 형태의 21세기형 고급 노동자를 뜻한다. 창의적인 아이디어와 뛰어난 컴퓨터 실력으로 무장한 것이 실리콘칼라의 특징으로, 정보화에 대한 개념 정립이 확실하며 기존의 화이트칼라나 블루칼라 같은 이분법적 사고를 거부하는 이들은 첨단 기술력을 바탕으로 사업성만 있으면 언제라도 벤처 창업에 뛰어들 준비가 되어 있는 세력들이다.

😊 한 가지 더

'르네상스칼라'란? 레오나르도 다 빈치처럼 창의성과 특정 분야에 대한 전문성을 토대로 자신만의 핵심역량을 만들어낸 사람을 통칭하는 말.

각계의 선수들이여,
이곳으로 오라!

'경청하다, 청력'을 뜻하는 라틴어 '아우디레(audire)'에서 유래된 말 오디션. 오디션은 초기에는 말 그대로 오페라극장에서 가수를 채용할 때 '청각'으로만 판단해서 가수를 채용하는 것을 가리켰다. 그러던 것이 20세기에 들어 시각적 요소가 추가되면서 무대·영화·방송 등에 출연하는 배우·음악가 등을 뽑기 위한 시험 모두를 가리키는 말로 쓰이게 된 것.

그리고 현재 대한민국 방송계를 장악한 것이 오디션이다. 온갖 채널이 음악 오디션 프로그램 통치시대로 돌입했으니, 시청자들은 출전자들의 고군분투, 심사위원의 독설, 판정 순간의 긴장감과 같은 경쟁 자체가 주는 재미에 단단히 사로잡혀 있는 상태. 기성정치에 신물난 대중이 그에 대한 대안으로 '안철수'라는 '깨끗이 당당한' 이미지에 열광하는 것처럼 기성예능에 식상한 대중은 제대로 된 실력을 갖춘 예비 연예인에 환호하는 것일 텐데.

그렇다면 하나의 문화적 유행처럼 번지고 있는 오디션, 그 판타지가 우리에게 던지는 의미에 대해 생각해보자. 일단 긍정적인 측면이라면 많은 일반인에게 '나도 할 수 있다'는 자신감을 불어넣어준 것을 들 수 있겠다. 짐짓 공정해 보이는 심사과정에서 '실력' 하나로 버틸 수 있을 것만 같은, 놓칠 수 없는 기회의 장으로서의 매력.

하지만 서바이벌 형식의 오디션은 승자독식 논리 위에 구축된 신자유주의와 똑같은 구조라는 측면에서 비판받기도 한다. 금융 자본의 이원론적 세계 인식, 즉 '이기거나 지거나'의 틀 안에서 이루어지는 승자만을 향한 찬양의 세계 아니던가. 단순한 재미로 즐기기에는 위험한 구석이 있는 것이다. 누구나 이기고 싶어하지 지고 싶어하지 않는다. 하지만 세상살이의 진정한 가치는 이기고 지는 것에 있는 것이 아닐진대, 그 위대한 진실에 역행하는 오디션이라면 진정한 공정이 아닌 엉터리 판타지가 아닐까? 한번쯤 '오디션'이라는 쾌락의 배후를 생각해보자는 말이다.

'안철수 신드롬'이란? '대의를 위한 희생', '아름다운 양보' 등의 가치로 대한민국 정치 패러다임을 바꾼 안철수에 대한 열광.

모든 잘못에 처벌만이 능사일까?

사이버모욕죄란 인터넷과 같은 사이버 공간에서 사람을 모욕함으로써 성립하는 범죄를 말한다. '모욕'이라 하니 그것의 범주가 왠지 모호하게 느껴지는데, 단지 충동에 의한 서로간의 욕설이기보다는 일방이 타인의 명예를 공개적으로 실추시키거나 정신적 피해를 야기할 정도가 되어야 처벌 가능한 모욕의 수준이라는데. 2008년부터 대한민국 정부는 사이버상 모욕행위에 대해 형법 제311조의 모욕죄와 별도로 정보통신망법에 사이버모욕죄 조항을 신설하는 것을 본격적으로 추진하고 있는 중.

현재 사이버모욕죄 신설에 대해서는 반대쪽 입김이 조금 더 센 상태. 찬성측 입장에서는 분명 인터넷상에서 익명의 탈을 쓰고 무분별하게 이루어지는 개인 및 기관, 기업에 대한 비방이나 '아니면 말고 식'의 폭로가 당사자들의 명예실추 및 기본권을 침해하는 경우가 많아지고 있어 인터넷실명제나 이를 처벌할 수 있는 법 정비를 통한 최소한의 방지대책이 필요하다는 것.

하지만 반대측 입장에서는 사이버모욕죄를 인터넷 규제의 대표적인 악 조항으로 보고 표현의 자유 침해, 규제의 실효성 측면에서 비판하고 있는데. 세계적으로도 인터넷 규제는 시민의 저항을 받고 있는 상황에서 한국은 인터넷 강국이란 깃발 아래 오히려 인터넷 규제를 만드는 후진적 정부정책을 주도하고 있으니 어불성설이란 것. 민주주의는 다원주의를 바탕으로 언론이 권력을 비판, 견제하는 것일진대, 과도한 인터넷 규제는 민주주의 여론의 다양성과 공공성 침해를 야기할 수도 있다는 것.

중요한 것은 모든 문제 해결에서 '법'과 '처벌'이 능사가 아니라는 것이다. 인터넷이라는 하나의 우주 공간에서 필연적으로 발생하는 쓰레기를 일거에 치워 인터넷을 '깨끗하게' 만들겠다는 발상은 얼마나 무모한 일인가? 사실상의 해법은 처벌이 아니라 규범을 확립하고 교육과 시민의식의 성숙으로 잘못된 점을 최소화하는 노력일 뿐. 이에 대한 고민이 필요한 것이다.

'인터넷실명제' 란? 인터넷 이용자의 실명과 주민등록번호가 확인되어야만 인터넷 게시판에 글을 올릴 수 있는 제도.

강력 항생제에도 죽지 않는 강력 박테리아

항생제는 병원균에 의한 감염증을 치료하는 약물로, 감염 증세에 뛰어난 효능을 보인다. 그러나 항생제를 너무 자주 사용하다 보면 항생제에 내성을 가진 균주들이 살아남거나 돌연변이를 통해 항생제에 저항성을 가진 균주들이 생겨나기 마련. 따라서 점점 더 항생제에 내성력이 강해진 병원균들이 생겨나며 이 때문에 치료를 위해서는 더 강력한 항생제를 사용하게 되는데, 그러다 결국 어떤 강력한 항생제에도 저항할 수 있는 강력 박테리아가 생겨났으니, 이를 슈퍼박테리아라고 한다.

현재까지 개발된 항생제 가운데 세계에서 가장 강력한 항생제는 '반코마이신'으로, 1950년대 이후 황색 포도상구균의 중증 감염증을 치료하는 데 사용해왔다. 그러나 1996년 일본에서 반코마이신에도 내성을 보이는 이른바 '슈퍼박테리아'가 등장했고 이듬해인 1997년에는 우리나라에서도 나타났다. 다행히 2001년 우리나라 과학자들이 반코마이신과 다른 페니실린 계열 항생제에 내성을 지닌

균주를 신속하게 검색할 수 있는 DNA칩을 개발, 환자를 감염시킨 특정한 세균에 적합한 맞춤 항생제를 선택할 수 있게 해주어 항생제 남용을 어느 정도 줄일 수 있게 되었다.

그렇다면 슈퍼박테리아의 출현 이후, 우리는 그에 대한 처방으로 '더욱 강력한' 항생제를 끊임없이 외쳐야만 하는 걸까? 전문가들은 항생제의 남용과 오용으로 인한 문제가 갈수록 심각해지고 있으며, 이 슈퍼박테리아를 퇴치한다고 해도 또 다른 슈퍼박테리아들이 나타날 수 있다고 경고하는데.

사실상 우리나라는 지금 전 세계에서 항생제 내성이 가장 강한 나라 중의 하나라는 오명을 안고 있다. 문제는 항생제 '남용'과 함께 '오용'이다. 예컨대 감기에 걸린 한국인은 굳이 항생제가 필요치 않은 경우에도 항생제 복용을 당연시한다. 한 연구에 따르면 이른바 '감기약'을 복용한 사람은 당장 몸은 조금 편할지 모르나 병을 하루나 이틀 정도 더 오래 앓는 것으로 밝혀졌다는데. 결국 '약 권하는 사회'에서는 스스로 자신의 몸에 대한 정확한 이해와 성찰이 필요할 터.

'신종플루'란? 사람·돼지·조류 인플루엔자 바이러스의 유전물질이 혼합되어 있는 새로운 형태의 바이러스.

세상의 모든 소통이여, SNS 품안으로!

홍익대에서 해고된 청소 노동자들의 하루 밥값이 300원, 휴게실이 없어 화장실에서 밥 먹고 지낸다는 이야기들이 SNS를 통해 알려지면서 시민들은 폭발적으로 관심을 가지며 따뜻한 연대를 이루었고, 마침내 49일 만에 이들이 전원 복직하는 결과를 가져왔다. 이것은 2011년 기존 주류 언론과 방송 뉴스가 침묵하는 사이 트위터와 페이스북을 상징으로 하는 SNS가 기존 미디어의 역할을 넘어선 첫 번째 사례로 꼽힌다.

간단히 'SNS'라 불리는 이 소셜 네트워크 서비스는 웹상에서 이용자들이 인적 네트워크를 형성할 수 있게 해주는 서비스로, 트위터·싸이월드·페이스북 등이 대표적. 인터넷에서 개인 정보를 공유할 수 있게 하고, 의사소통을 도와주는 1인 미디어, 1인 커뮤니티라 할 수 있다.

개인의 표현욕구가 강해지면서 사람들 사이의 사회적 관계를 맺게 하고 친분관계를 유지시키는 소셜 네트워크 서비스는 점점 발달해가고 있는데, 웹상의 카페·동호회 등의 커뮤니티 서비스가 특정 주제에 관심을 가진 집단이 그룹지어 폐쇄적 서비스를 공유한다면 소셜 네트워크 서비스는 나 자신 즉 개인이 중심이 되어 자신의 관심사와 개성을 공유한다는 점에서 차이점이 있다. 그런데 현재 SNS라는 것 자체는 미디어이기도 하지만 사실상 인간관계 형성 네트워크로서의 특징이 강해 보다 많은 사람들이 '나'의 이야기를 들어주길 바라는 욕구를 팽창시키는데, 얼마 전 어느 기업이 발표한 '직장 내 커뮤니케이션 채널' 설문조사에 따르면 SNS 확산과 스마트폰의 보급으로 인간관계의 폭은 넓어진 반면 깊이는 얕아졌다는 조사결과도 나왔다.

반면 정치적 사회적 의제 형성에는 SNS가 상당한 역할을 하고 있는 것이 엄연한 사실. 정치인들도 국민들과 소통하는 수단으로 SNS를 이용하는 사례가 늘고 있다. SNS를 통해 시민 스스로 미디어의 주인으로 당당한 권리를 행사하고 있기 때문이다.

😊 한 가지 더

'트위터'란? 'twitter(지저귀다)' 뜻 그대로 재잘거리듯 일상의 작은 얘기들을 그때그때 짧게 올릴 수 있는 온라인 공간.

힘들고 더럽고 위험한 일은 누가 해야 하나?

3D산업이라 하면, 건축업, 광업, 제조업 등 소위 힘들고(difficult), 더럽고(dirty), 위험스러운 (dangerous) 산업을 말하는 것. 그래서 기피 대상인 직업군인데, 일본에서는 이러한 3D 업종에 대한 기피현상이 1973년부터, 한국에서는 1988년 이후 두드러지게 나타났다.

그런데 이 힘들고 더럽고 위험스러운 것 중에서도 가장 꺼려하는 것은 더러운 일. 바로 제조업이 그것인데, 구멍가게 같은 아주 소규모 기업의 현장직은 사실상 누구도 원하지 않는 것이라 늘 인력난에 허덕인다는데. 그러다보니 1990년대 들어서는 동남아시아 등에서 인력이 몰려들어 이들 업종의 한 축을 담당하고 있는 실정.

그리고 3D산업에 이어 2000년대 들어 새롭게 등장한 업종 개념이 3S업종. 대부분이 생산을 위주로 하는 중소기업에 해당하는 업종으로, 3S는 규모가 작고(small size), 임금이 적으며(small pay), 단순한 일(simple work)을 하는 업종을 말한다. 이는 근로자들, 특히 대학을 갓 졸업한 젊은 구직자들이 꺼리는 업종인데, 문제는 한국의 경우 대학 졸업자들의 취업난이 심각한 가운데서도 이 3S업종을 기피하는 경향이 높아진다는 데 있다.

사실상 대한민국의 청년실업 문제는 실로 심각한 수준. 그렇다면 청년실업자들이 이러한 업종에라도 취직해야 하는 것 아닌가 하는 의문이 생기는데 어떤가? 물론 누구나 꿈이 있고 본인이 원하는 일이 있을 터. 적성을 고려하지 않고 선택한 식종은 오래 가기 힘든 게 사실이지만, 그보다도 이러한 업종이 기피되는 결정적 요인은 '돈'이다.

현재 우리나라는 비교적 높은 경제수준을 갖고 있는 나라지만 사실상 3D 업종에서는 그 경제수준만큼의 대우를 받을 수 없는 것이 문제다. 누구나 기피하는 어렵고 더럽고 위험한 일이라면 당연히 그에 합당한 돈을 지불해야 하는 것 아닌가? 합당한 대가만 보장된다면 3D 업종이라 해도 기꺼이 여기에 취직하려는 젊은이들이 생겨날 텐데. 아마도 그때는 3D산업이라는 말이 존재하지 않을 듯.

한 가지 더

'청년실업'이란? 일을 할 수 있고 또 일을 할 의사도 있는 청년들이 일자리를 구하지 못하거나 일할 기회를 가지지 못하는 것.

변호사 도전이
쉬워졌어요

〈로스쿨, 변호사에 도전하라〉는 다큐멘터리 영화가 있다. 6명의 미국 로스쿨 도전기를 그린 이 영화에서 변호사 시험에 40회 떨어지고도 다시 도전하는 한 할아버지의 인터뷰가 인상적인데, 그의 도전은 바로 "법적으로 남을 돕고자 하는 꿈" 때문인 것.

남을 돕고자 하든 나를 돕고자 하든 로스쿨은 현재 대한민국에서 하나의 유망한 도전 직업이 되었다. 그럼 로스쿨이란 무엇인가? 이는 미국에서 유래된 법률가 양성 학교로서 법학 전문 대학원을 말한다. 로스쿨 제도의 애초 취지는 법학이라는 '실학(□□)'을 배우기 전에 실용과는 직접 관계가 없는 학문을 이수하는 것이 바람직하며, 그렇게 함으로써 급변하는 사회에서 새롭게 발생하는 여러 문제를 법적으로 현명하게 처리할 능력을 갖춘 법률가를 양성할 수 있다는 생각에 근거를 둔 것.

원래 우리나라에서 변호사가 되는 길은 학부차원에서 법과대학을 나오고 이어 사법시험을 통과하면 사법연수원 생활을 하다 판검사로 임용, 변호사개업을 하는 체제였다. 사실상 이러한 제도는 법조의 배타적 독점으로 인한 법체계의 폐쇄회로화 현상을 드러내며, 게다가 현행 사법고시 제도는 소위 '고시 낙오생'을 꾸준히 만들어내 국가 인력 낭비를 초래한다는 지적을 받아왔다.

이에 따라 한국에서도 사법시험을 통한 법조인 양성 제도를 개선하기 위해 2009년 3월부터 로스쿨 제도를 도입했다. 2004년 10월 대법원 산하의 사법개혁위원회가 채택한 도입안에 따르면, 로스쿨은 인가 기준에 따른 3년제 법학 전문 대학원으로 운영된다. 입학생은 최소 6학기 이상을 이수하면 변호사 자격시험에 응시할 수 있지만, 기존의 사법시험과는 달리 응시 횟수가 제한된다. 이에 따라 기존의 사법고시는 2009년부터 8년 동안 로스쿨 제도와 병행 실시되다가 2017년부터 폐지될 예정.

로스쿨 최종 인가 대학은 서울권역(강원 포함) 15개 대학, 지방 4대 권역 10개 대학 등 총 25곳. 로스쿨 입학시험인 법학적성시험은 법조인으로서의 기본 소양과 잠재적 적성 등을 평가한다.

한 가지 더

로스쿨과 법대의 차이? 법대는 4년제 대학이고 로스쿨은 4년제 대학을 졸업해야 응시가 가능한 3년제 특수대학원.

불편한 진실, 우리가 책임져야 할 역사

〈캐츠〉〈레미제라블〉〈오페라의 유령〉과 함께 세계 4대 뮤지컬로 꼽히는 〈미스 사이공〉은 베트남전을 무대로 미군 병사와 어린 베트남 소녀의 운명적 사랑을 다룬 이야기다. 병사는 소녀를 사랑했지만 미국으로 돌아가버리고 소녀는 떠난 병사의 아이를 낳고 하염없이 그를 기다린다. 참혹한 전쟁 속에서도 어김없이 사랑의 꽃은 피어나지만, 이 꽃의 열매가 항상 축복 속에서 탄생하는 것은 아니었으니.

〈미스 사이공〉은 미군과 베트남 소녀의 이야기지만, 베트남전쟁 당시 참전했던 한국인 병사와 베트남 여인 사이의 사랑도 부지기수로 있었을 터. 이렇게 전쟁이란 슬픈 그림자에 눌려 축복받지 못한 탄생으로 고통받는 한인 2세들이 살고 있는 곳이 베트남이고, 그곳에서 태어난 한인 2세를 라이따이한이라 부른다. 한국전쟁 당시 한국여자와 결혼해서 낳은 자식을 버리고 간 미군들을 손가락질하던 우리가 마찬가지 잘못을 저지른 것. '라이'는 혼혈 잡종이란 경멸의

넷째 어휘군
뜨겁고 어둡고 명랑한 우리들 사회

의미를 담은 베트남어, '따이한'은 한국을 말하는 것으로, 당사자들은 라이따이한이란 경멸성 호칭을 듣기 싫어한다.

아무튼 월남전 종전 이후 세인들의 기억 속에서 사라져버린 이들 한인 2세의 수가 현재 정확히 얼마나 되는지는 아무도 모른다. 많게는 3만 명에 달한다는 설도 있는데, 정부와 일반국민은 물론 당사자들인 장병과 근로자들도 이런 저런 이유로 이 문제를 덮어버리기에 급급할 뿐. 가정과 직업이 없으면 제대로 대접받지 못하는 베트남의 유교적 사회분위기 속에서 한인 2세들은 고통의 세월을 계속 이어가고 있는 실정. 이들에 대한 국가적 배려를 고심하는 일은 지금도 늦지 않았을 것. '코베트' 등 베트남 한인 2세를 지원하는 단체들은 한인 2세가 국적은 비록 베트남이지만 엄연한 우리 핏줄이므로 그동안 외면해왔다는 부채의식에서라도 적극 도와야 한다고 주장하고 있다.

그런데 최근에는 '신라이따이한' 또한 사회문제로 등장했다. 이들은 '전쟁' 아닌 '사업' 차 베트남에 간 한국 남성들이 '베트남 현지처'와의 사이에서 낳은 아이들을 말하는 것.

한 가지 더

'코피노(Kopino)'란? 한국 남성과 필리핀 현지 여성 사이에서 태어난 2세, 아버지 없는 아이를 이르는 말.

시민의 힘으로 금수강산을 지켜내리라

"(…) 앞으로 우리는 트러스트운동을 통해 내성천의 가치를 전하고 / 자연과 사람이 화해할 수 있는 일이 무엇인지 숙고하며 / 무너진 땅의 역사를 일으켜 세우는 밑거름이 되도록 노력하겠습니다." 이것은 2011년 7월에 지율스님이 '내성천 한 평 사기 내셔널트러스트 운동'을 시작하며 내건 호소문이다.

내성천은 경북 봉화군 선달산에서 발원해 산과 산 사이를 굽이치며 흘러 하곡에 모래톱이 형성된 세계적으로 보기 드문 하천으로, 우리나라 하천의 전형적인 모습을 간직한 자연유산이기도 하다. 그러나 이 하천이 '4대강 살리기 사업'으로 사라질 위기에 처하자 현재 내성천을 살리기 위한 내셔널트러스트 운동이 한창인데, 내셔널트러스트란 무엇인가?

내셔널트러스트란 시민들의 자발적인 모금이나 기부·증여를 통해 보존가치가 있는 자연자원과 문화자산을 확보해 시민 주도로 영구히 보전·관리하는 시민환경운동이다. 1895년 변호사 로버트 헌터, 사회활동가 옥타비아 힐, 목사 캐논 하드윅 론즐리 세 사람으로부터 실행된 것. 1800년대 후반, 영국에서는 산업혁명으로 인해 오래된 기념물들이 파괴되고 자연도 심하게 훼손되었는데, 헌터는 1895년 보호해야 할 대상을 소유함으로써 법률의 결함과 맞서 싸우기 시작했다. 이후 내셔널트러스트재단을 설립해 그 가치가 뚜렷한 토지(자연)와 건물을 국민의 이익을 위해 영구히 보존하기 위한 적극적 노력을 이행했던 것.

재정은 대부분 회원이 부담하는 소액 회비와 기부금으로 조달하는데, 이 운동을 지지하고 동참하는 회원수는 꾸준히 늘어 현재 미국, 일본, 뉴질랜드 등 24개국에서 내셔널트러스트가 활동 중이다. 우리나라에서는 1990년대 후반부터 이러한 활동이 전개되었으며 2000년 1월에 한국내셔널트러스트가 발족했다. 대표적인 활동으로는 강화군 매화마름 군락지, 미술사학자인 혜곡 최순우 고택, 희귀동물 서식지인 동강 제장마을 등을 보호하기 위한 활동을 전개했다.

2011년 진행한 내성천 내셔널트러스트 운동은 사유지인 내성천 주변 땅을 일반인이 1평(1평당 5만 원)씩 사서 강에게 돌려주자는 내용. 시민의 힘으로 무책임한 개발을 막자는 것이다.

☺ 한 가지 더

'그린트러스트'란? 상쾌한 도시를 만들기 위한 시민 참여형 도시녹화 사업. '우리 강산 푸르게' 운동이다.

자유를 억압하는
야만의 폭력기제

《우리 안의 파시즘》이란 책은 '나도 모르게 저지르는 삶의 횡포'인 일상적 파시즘을 이야기한다. '우리의 의식과 일상적 삶의 심층에 깊이 들어와 내면화되고 구조화된 규율 권력'을 극복해야만 진정한 자유를 갖게 된다는 것. 그렇다면 파시즘이란 무엇인가?

파시즘이란 1919년 이탈리아의 무솔리니가 주장한 국수주의적이고 권위주의적이며 반공적인 정치적 주의 및 운동을 말한다. 원래 '묶음'을 뜻하는 이탈리아어 파쇼에서 나온 말이었으나, 결속·단결의 뜻으로 바뀌었다. 왜 이런 정치적 파시즘이 발생한 것일까? 18세기 말부터 누적되어온 사회적 불안과 함께 1차 세계대전 후의 만성적 공황 및 전승국과 패전국을 막론한 모든 정치·사회적 불안이 새로운 체제, 새로운 정신을 원하였으니, 그에 대한 하나의 이데올로기로 파시즘이 등장한 것이다.

그 특성은 이렇다. 독단적인 반합리주의에 토대를 두고 기본적인 인간평등을 부인하며, 모든 인간관계를 폭력과 기만에 중점을 두고 파악, 엘리트에 의한 정치를 표방한다. 이때 파시즘은 단순한 정치제도라기보다는 생활양식으로서 전체주의적 특성을 띠는데 요람에서 무덤까지 일평생 인간생활의 전 국면을 통제한다. 인종주의와 제국주의는 불평등과 폭력이라는 파시즘의 2가지 기본 원리인바 국제법과 국제질서를 반대한다.

어떻게 이런 이데올로기가 존재하는지 기가 막히지 않은가. 하지만 분명 존재했고 지금도 존재하고 있다. 대중사회이론에서는 현대사회의 모든 반동적 독재정치운동을 파시즘이라고 정의하기도 하는 것. 따라서 자본주의 독재권력도 파시즘으로 지탄받을 수 있는 것이다. 하지만 일반적으로 파시즘이라고 하면 이탈리아의 파시즘, 독일의 나치즘, 일본의 파시즘을 지칭한다.

독일인의 혈통 우월성을 내세워 타 인종을 억압했던 나치즘은 현재 독일에서는 엄격히 금지된 이데올로기지만, 네오나치라 불리는 소수의 세력들이 독일과 해외에서 활동 중이다. 부활하는 나치즘과 파시즘은 분명 '세계평화'의 적이다. 우리는 일단 내 안의 '파쇼'를 제거하고 우리 밖의 파시즘에 대항해야 하리라.

한 가지 더

'권위'에 토대한 파시즘은 좌우를 가리지 않는다. 극우파시즘이 있는 반면 좌파파시즘도 있다.

사람의 가치를 묶어버린 평생의 족쇄

"나는 카스트제도를 인생의 법칙이라고 믿는다. 또한 자신이 속한 카스트를 탓하지 않는 게 좋다. 그것이야말로 진정한 겸양의 표시다." 이것은 인도 독립운동의 지도자 마하트마 간디의 말이다. 정치인을 넘어 성인으로 추앙받는 간디가 악습 중의 악습인 신분제 카스트를 이렇게 옹호했다는 게 믿기지 않는데, 아무튼 이러한 시각은 과거 인도인 대다수의 생각이기도 했다.

카스트는 인도 사회의 특유한 신분제도를 말한다. 《베다》 등의 경전에 근거해 피부색에 따라 바라문(승려), 크샤트리아(전사), 바이샤(상인·백성), 수드라(노예) 4개 계층으로 신분차별적인 사회질서를 형성했던 것. 네 카스트는 존귀한 자와 비천한 자라는 위아래 서열을 가지고 있어 보다 높은 카스트에 속한 사람은 보다 낮은 카스트에 속한 사람 곁에만 가도 부정을 탄다고 여겼다. 이들 카스트는 직업을 세습했으며 카스트 상호간 결혼은 금지되었다. 그리고 이 네 카스트에도 들지 못하는 아웃카스트 즉 불가촉천민이 있다. 처음부터 엄격한 제도는 아니었던 이 같은 신분제도는 오랜 세월과 더불어 많은 금기를 지닌 사회규범으로 발전했는데, 인도인들은 누구나 이 카스트 중 어느 하나에 자동 귀속되어 살게 된다.

하지만 1947년 독립 후 인도 정부는 차별적 신분제도를 철폐하고 하층 카스트 생활을 지원하는 등 근대화와 교육 그리고 경제성장 덕에 수천 년간 이어져온 카스트제도는 점차 붕괴되어가고 있다. 물론 여전히 인도인의 생활 저변에 영향을 미치고 있기는 하다.

최근 〈언터처블, 1%의 우정〉이라는 영화가 인기를 끌었는데, 여기서 'Untouchable'이라는 제목이 바로 인도 하층민 중에도 가장 아래 하층민인 '하리잔' 혹은 '달리트'라고도 일컫는 불가촉천민 계급을 가리키는 것. 영화는 이 손도 댈 수 없는 불가촉천민 운전자 드리스가 백만장자 필립을 만나 그를 간병하면서 우정을 쌓는 이야기다. 하지만 두 남자의 우정 쌓기라는 아름다운 내용의 이 영화는 역설적으로 자본주의의 보이지 않는 계급을 드러낸다. 신분 계급은 사라져도 '부'에 의한 계급 구분은 엄연히 존재함을 '1%의 우정'이란 말이 담고 있는 것이다.

인도의 대표 종교 '힌두교'와 카스트 제도는 불가분의 관계, 한 몸에서 난 종교와 제도다.

예우를 벗어난 납득할 수 없는 특혜

영화 〈도가니〉를 보면서 무엇보다 충격적이었던 사실은 명백한 범죄 증거가 있음에도 불구하고 변호사, 검사, 판사가 한편이 되어 '전관예우' 관행을 따르느라 죄가 죄가 되지 못한 점이다. 이러한 부조리한 현실을 만드는 전관예우란 무엇인가? 바로 전직 판사 또는 검사가 변호사로 개업해 처음 맡은 소송에 대해 유리한 판결을 내리도록 하는 특혜를 말한다. 어떻게 이런 특혜가 생긴 것일까?

전직 고위직에 있던 판사나 검사는 은퇴 후 보통 변호사 개업을 하게 된다. 이때 원래 근무지 근처에 변호사 사무소를 차리게 되는데, 그렇게 되면 과거에 함께 일했던 사람들이 그에게 예우를 하는 차원에서 그가 처음 변호사로 등장한 소송에서 유리한 판결을 내려준다. 이것은 예우를 해주는 사람 입장에서 나중에 자신도 은퇴해서 똑같은 경우에 처할 때 예우를 받겠다는 대한민국 법조계의 잘못된 관행인 것. '전관특혜'일 뿐인 전관예우 탓에 갓 퇴직한 판·검사 사

|넷째 어휘군|
뜨겁고 어둡고 명랑한 우리들 사회

건 수임료가 훨씬 비쌀 수밖에 없고 이런 변호사에게 사건을 맡기면 무조건 유죄가 무죄가 되는 것이 현실이다.

이러한 전관예우를 방지할 목적으로 개정된 1998년 변호사법에 따르면, 판·검사로 재직하던 전관 변호사가 개업 후 2년간은 퇴임 전에 소속되었던 법원이나 검찰청의 형사사건을 수임할 수 없도록 했다. 하지만 이른바 이러한 '전관예우금지법'이 직업선택의 자유를 제한한다고 해서, 2011년 개정안에서는 금지 기간을 1년으로 하고, 해당 기관 또한 법원이나 검찰청 등으로 한정했다. 그리고 이를 어길 시 형사처벌 조항을 두지 않고 대한변호사협회가 자체징계를 하게 했는데, 어디 징계가 이루어지겠는가?

사실상 법조계의 동업자의식이란 중세 길드를 방불할 정도로 강고하다고 한다. 사시 몇 회였는가에 따라 집단 서열이 매겨지는 등 막강한 동료의식이 법적 정의조차 무색케 하는 일이 비일비재하다는데. '우리만이 잘났다'는 일종의 선민의식 속에서 배타적 동질감을 형성하게 된 결과가 바로 전관예우라는 어처구니없는 결과로 나타난 것. 이는 하루속히 사라져야 할 범죄적 악습일 뿐이다.

😊 ◀한 가지 더

법조계뿐만 아니라 우리나라에서 힘깨나 쓰는 기관 출신들은 여전히 전관예우 혜택을 누리고 있는 것이 현실.

주는 만큼 즐거워야만 하는 나눔의 정신

'부자로 죽는 것은 수치스러운 일이다.' 이것은 철강왕 앤드루 카네기의 말이다. 그런데 우리 사회는 그런 진정한 '수치'를 알고 있는 걸까? 즉 노블레스 오블리주 정신을 가슴에 새기고 있는 걸까?

'노블레스 오블리주'란 고귀한 신분에 따르는 도덕적 의무와 책임을 뜻한다. 이는 지배층의 도덕적 의무를 뜻하는 프랑스 격언으로 정당하게 대접받기 위해서는 '명예(노블레스)'만큼 '의무(오블리주)'를 다해야 한다는 것이다. 이때의 노블레스는 보통 교육, 직업, 부, 명성 등을 통칭. 무엇이든 남보다 많이 가진 자들의 '성취'와 그로 인한 '특권'을 일컫는다. 이러한 특권에는 반드시 책임이 따르고 고귀한 신분일수록 의무에 충실해야 한다는 것이 노블레스 오블리주인데, 이것은 초기 로마시대에 왕과 귀족들이 보여준 투철한 도덕의식과 솔선수범하는 공공정신에서 비롯되었다.

즉 초기 로마 사회에서는 사회 고위층의 공공봉사와 기부·헌납 등의 전통이 강했는데, 이러한 행위는 의무이자 명예로 인식되면서 자발적이고 경쟁적으로 이루어졌다. 특히 귀족 등의 고위층은 몸을 사리지 않고 전쟁에 참여했으니, 로마 건국 이후 500년 동안 원로원에서 귀족 비중이 15분의 1로 급격히 줄어든 것도 계속되는 전쟁 속에서 귀족들이 많이 희생되었기 때문이라고 한다. 이러한 귀족층의 노블레스 오블리주에 힘입어 로마는 당시 세계의 맹주가 될 수 있었던 것이다.

그렇다면 현대사회는 어떠한가? 돈과 지위를 이용해 오히려 병역을 면제받는 등 가진 자의 탐욕은 99%의 분노를 사고 있는 것이 현실 아닌가. 지금 1% 특권층이 절실히 갖춰야 할 덕목이자 1% 밖일지라도 남과 나눌 재능이 있는 사람이라면 가슴에 담아야 할 덕목이 노블레스 오블리주이다.

이러한 노블레스 오블리주 실천의 생생한 예로 자주 거론되는 것이 경주 최부잣집 사례. 자그마치 12대 400여 년에 걸쳐 만 석의 부를 이룬 이 집 가훈은 이렇다. 재산은 만 석 이상 지니지 말 것, 과객을 후하게 대접할 것, 흉년기에는 땅을 사지 말 것, 사방 백 리 안에 굶어죽는 사람이 없게 할 것 등. 실로 겸손한 원칙이 오히려 부와 명예를 부른 것이다.

😊 한 가지 더

'리세스 오블리주(Richesse Oblige)'란? 노블레스 오블리주에서도 특별히 부자들의 도덕적 의무와 사회적 책임을 강조한 것.

세상을 이해하는 포용의 가치 코드

> 본래 땅 위에는 길이 없었다.
> 걸어다니는 사람이 많아지면 그게 곧
> 길이 되는 것이다.

루쉰

만 가지 처방을 갖는
서양의학의 대안

대체의학이란 서양의학이 발전하면서 생겨난 부작용이나 오류 및 한계를 극복하고자 하는 일종의 대안 의학을 말한다. 서양, 특히 미국에서는 그들의 전통의학이 아닌 다른 모든 의학이 대체의학인바, 우리나라의 한의학이나 침술은 우리에겐 전통의학이지만 그들에겐 대체의학이고, 중국 한의학도 중국인에겐 주류의학이지만 미국인에겐 대체의학이다. 사실상 대체의학이란 서구 중심적인 의학용어인 것. 즉 서양의학이 주류이고 그 밖의 모든 비주류의학과 민간요법을 통칭하는 것이다.

미국에서는 대체의학을 국가적으로 연구 지원하기 시작해 난치병을 중심으로 침, 한약을 위시한 각종 치료법의 효능을 연구하고 있으며 또한 117개 의과대학 중 75개 대학에서 대체의학을 교육하고 있다. 이처럼 미국은 그들만의 방법으로 대체의학이라는 새로운 의료 양식을 만들어가고 있다.

서양의학이 분명한 한계를 가지고 있기에 대체의학의 수는 헤아

릴 수 없이 계속 늘어가는 것이 현실인데, 아이러니하게도 그 효과에 대한 객관적이고 과학적인 근거는 늘 부족해 제도권 의료계에서는 정식으로 인정하지 않고 있는 실정. 대체의학 종류로는 중국 한의학이나 인도의 아유르베다의학 등 동양의학을 비롯해 동종요법, 향기요법, 음

악요법, 홍채진단학, 신앙요법, 명상용법, 최면요법 등 무수한 '요법' 들이 각개전투하고 있는데, 그중 명상이나 최면, 바이오피드백을 이용하는 심신상관의학은 대체의학 중에서 현재 크게 주목받고 있는 분야다. 심신상관의학이란 말 그대로 몸과 마음이 서로 관련 있다는 것. 따라서 마음의 이완을 통해 몸의 긴장이 해소되고 질병이 사라진다는 것이다. 즉 인간 스스로의 자연치유력을 믿는 것으로, 가짜약도 진짜로 믿으면 효과가 있다는 '플라시보효과' 가 이를 증명하기도.

결국 대체의학이 나름대로 설파하는 것은 서양의학은 동양의 지혜와 더불어서야 비로소 완전한 의학이 된다는 것.

😊 **한 가지 더**

자연치유란? 특별한 약물 요법을 취하지 않고 우리 몸의 면역, 방어기능을 자극해 자연히 회복되는 것.

왜 우리 시대엔 명기가 없는 걸까?

"1721년에 제작된 스트라디바리우스 바이올린이 최고가인 172억 원에 팔렸다고 온라인 악기 경매사인 타리시오가 밝혔다"는 뉴스가 얼마 전 있었다. 아니, 어떤 바이올린이기에 그토록 어마어마한 가격을 매길 수 있는 것일까?

스트라디바리우스는 안토니오 스트라디바리(1644~1737)가 생전에 만든 1000여 대의 현악기를 말하며 현재 600여 대가 남아 있다. 줄여서 '스트라드'라고도 하는 이 바이올린, 비올라, 첼로는 현재 실용과 미를 겸비한 하나의 전설적인 명작으로 남아 있는데, 이번 경매에서 팔린 바이올린은 수십 대의 스트라디바리우스를 소유하고 있는 일본음악재단이 동일본 대지진 구호기금을 마련하기 위해 내놓은 것.

그렇다면 무엇이 스트라디바리우스의 가치를 만든 것일까? 이러한 가치의 창조자 스트라디바리는 현재의 표준형 바이올린 창시자로서 최고의 바이올린제작자로 평가받고 있는 이탈리아 크레모나

출신의 악기제작자다. 그가 제작한 바이올린은 악기의 각 부분에 단풍나무·등나무·버드나무 등의 재료를 썼으며, f자 구멍의 경사를 강화하고 이중으로 바니시칠을 해 무게 있는 광택을 냈다. 그의 탁월한 미적 감각은 재료와 니스의 선택에서뿐만 아니라 전체의 완전한 균형에서도 찾아볼 수 있으며, 이런 점이 음색의 비길 데 없는 아름다움과 결합되어 독특한 명기를 탄생시켰다는데.

그의 작품은 이미 생전부터 명기라는 이름이 높았지만, 1982년에 유명한 연주자 겸 작곡가 비오티가 파리 연주에서 이 악기를 사용하면서부터 더욱 유명해졌다. 이제는 전설이 된 명기, 스트라디바리우스는 아직까지도 세계 최고의 명품으로, 스트라디바리 사후 누구도 스트라드를 능가하는 바이올린을 만들지 못하고 있다. 이유가 무엇일까?

스트라스바리우스는 엄격하고 철저한 장인정신이 빚어낸 인내와 숙고의 결과물이다. 그렇다면 스트라드는 기술과 최첨단 과학을 신봉하는 현대의 오만에 대한 하나의 비웃음은 아닌지. '첨단'과 '대량'만을 추구하며 살아온 현대인은 잃어버린 것들이 너무 많은 게 아닐까?

😊 **한 가지 더**

세계적 첼리스트 요요마, 바이올리니스트 정경화, 조슈아 벨의 공통점은? 최고 정상의 음악가라는 점과 함께 스트라디바리우스를 쓴다는 점.

"나의 종교는 '친절' 입니다"

달라이는 몽골어로 '큰 바다'라는 뜻이고 라마는 티베트어로 '스승'이라는 의미. '넓은 바다와 같이 넓고 큰 덕의 소유자인 스승'이란 뜻의 달라이라마는 사실상 하나의 제도를 말한다. 티베트불교의 한 종파인 겔루크파의 수장인 법왕을 일컫는 것.

티베트의 정신적 지도자, 제도로서의 달라이라마를 유지해가기 위해서는 달라이라마 사후 새로운 달라이라마를 선출해야 하는데 그 방식이 독특하다. 티베트인들은 기본적으로 환생에 대한 믿음이 있기에 달라이라마도 매번 환생한다고 믿는다.

달라이라마는 자신이 입적하기 전에 환생 장소를 예시하거나 신탁에 의해 환생할 달라이라마를 예시하기도 하는데, 그 예시 내용을 가지고 고승들은 후대 달라이라마가 될 아이를 찾는다. 전대 달라이라마가 환생했다고 여겨지는 아이는 그것을 확인할 시험을 치르게 되고, 그 시험에 합격하면 그 아이는 새로운 티베트의 정신적 지도자로 길러지는 것.

현재 티베트의 제14대 달라이라마 텐진 갸초는 중국 인민해방군이 티베트 통치를 시작한 이후 1959년 인도 북부 다람살라 소재에 티베트 망명정부를 세우고 비폭력 무저항 투쟁을 벌여왔으며 이 공로로 1989년에는 노벨 평화상을 수상한 바 있다.

신앙심으로 형성된 티베트의 독특한 문화와 정신을 공산주의 문화와 정신으로 완전히 바꿔버리기로 작정한 중국에 대항한 달라이라마의 망명은 슬픈 역사지만, 이러한 그의 운명은 그를 티베트만이 아닌 세계의 지도자로 만들었다. 달라이라마를 통해 티베트 불교는 인도를 거점으로 세계에 퍼지게 되었고, 티베트의 뛰어난 승려들은 세계의 영적 지도자가 되었다. 또한 달라이라마는 수많은 책을 통해 모든 사람이 자신의 존엄한 가치를 발견하고 행복하게 사는 길을 논했으며, 가난과 환경파괴 등 전 인류의 문제에 대해서도 진지한 성찰을 보여주고 있는데.

달라이라마는 현재 세계인의 영적 친구다. 그의 위대함은 그의 자비심, 그 순도 100%의 순수한 사랑일 듯. 그는 말한 바 있다. "나의 종교는 '친절'"이라고.

한 가지 더

1990년대 말부터 불교계 중심으로 달라이라마 한국방문을 추진 중이나, 중국과의 외교문제 때문에 정부에서 입국을 허용하지 않고 있는 실정.

타임캡슐　　　　　Time capsule

저 먼 미래로 가는
과거의 모든 것

영화 〈엽기적인 그녀〉에는 남녀 주인공이 3년 후 다시 만날 것을 기약하면서 타임캡슐을 소나무 밑에 묻는 장면이 나온다. 이 영화가 흥행에 성공하면서 이후 실제 영화 촬영지는 타임캡슐공원으로 조성되기도 했는데, 여기서의 타임캡슐은 '우리들의 아름다운 지금'을 미래에 기억하기 위한 하나의 연애장치다.

이렇듯 연애장치로 이용되기 이전, 본래의 타임캡슐은 후세에 남길 자료를 지하 등에 묻어두기 위한 용기를 말하는 것. 피라미드나 고대 왕의 분묘가 수천 년 전의 문화를 오늘날에 전하는 구실을 한 것처럼, 미래 세대가 현재의 우리를 알 수 있도록 현대의 문명과 생활을 보존할 목적으로 고안된 것. 즉 한 시대를 대표할 수 있는 각종 물건들을 특수용기에 담아 땅속에 보관, 일정기간이 지난 후에 발굴하도록 하는 인류 문화유산 보존방법이다.

1938년 미국 웨스팅하우스 전기회사가 뉴욕에서 열린 세계박람

회를 기념하기 위해 세계를 상징할 수 있는 물품들을 선정, 땅속에 묻으면서 타임캡슐이란 용어가 쓰이게 되었는데, 이때 매장된 것들은 각종 일용품과 금속·화학섬유·공업재료·곡물·서적·백과사전·그림·신문 등의 마이크로필름과 뉴스영화 등. 이것은 서기 6939년에 개봉될 예정이다. 서기 6939년이 되면 과거 5000년 전 인간들의 행적이 고스란히 드러나는 것이다. 타임캡슐이라는 것, 상당히 미래지향적인 행위라 할 수 있겠다.

우리나라에서도 1994년 11월 29일 서울 정도 600년 사업의 일환으로 서울 중구 필동에 타임캡슐을 매장했는데, 이것은 정도 1000년이 되는 2394년 11월 29일에 개봉될 예정. 여기에는 600점의 내용물을 담고 있는데, 특이한 것은 이 시대의 일면을 보여주기 위해 이 시대 사람들의 부동산 열기와 애착을 나타내는 30쪽 분량의 토지거래허가제와 관련한 판결문까지 담겨 있다는 것. 과연 2394년 이것을 열어볼 사람들은 이 시대의 모습을 어떻게 생각할까?

한 가지 더

'타임머신'이란 시간 차원 세계에서 과거나 미래로 여행할 수 있다는 상상의 기계. 그런데 현재 일부 과학자들은 시간 여행의 실제 가능성을 말하고 있다.

새집이 헌집보다 건강에
안 좋다니…

새집증후군이란 새집으로 이사한 뒤 두통, 피로, 호흡곤란, 천식, 비염, 피부염 등의 증상이 나타나는 것. 누구나 깨끗한 새집에서 살고 싶은 욕심을 갖지만 정작 새집으로 이사 가면 이 '새집증후군' 때문에 난감해지는 게 사실.

이러한 새집증후군의 원인은 화학물질이 다량 함유된 건축 자재들에서 비롯된다. 신축 아파트의 실내 공기를 측정해본 결과 포름알데히드가 기준치보다 2배 이상, 휘발성유 화합물은 산업 현장 기준치의 11배가 넘었다는데. 원칙적으로야 화학물질을 함유하고 있는 마감재 대신 친환경 소재를 사용하고 이러한 결과를 가져오지 않는 건축기법을 마련해야겠지만, 현실이 그렇지 못하다면 이러한 화학물질의 공격을 받지 않도록 우선은 스스로가 철저하게 준비하는 수밖에.

새집증후군 예방을 위해선 이사하기 전 충분한 기간 고온의 난방을 해서 벽지나 바닥재, 가구 등에 배어 있는 휘발성 화학물질을 뽑아내는 게 좋은데, 이를 '베이킹 아웃(baking out)'이라 한다. 또 거주하는 동안 자주 환기를 해주어야 한다. 사실상 새집증후군을 막는 가장 쉽고도 확실한 방법은 '환기'다. 입주 후에는 물론 입주하기 전부터 새집 창문을 수시로 열고 닫는 번거로움을 감수하는 것이 좋은 방법이다. 그리고 자연 환기, 공기청정기 외에 실내 오염을 줄일 수 있는 가장 좋은 방법은 식물 정화 요법. 공기 정화 효과가 있는 식물과 숯을 집안 가득히 배치하면 나름대로 에코하우스가 되는 것.

그런데 굳이 새집증후군에 대한 걱정에서가 아니라 친환경적인 생활을 꿈꾸는 지구 지킴이들이 지켜내는 생활수칙은 꽤 많다. 예를 들어 암을 일으키는 전자파를 적극 차단하고자 쓰지 않는 가전제품 전원은 반드시 꺼두는 것. 최소한의 가구로 생활하는 것 등등. 그렇다보니 실내 인테리어를 보면 그 집의 가치, 그 집 주인의 마음 씀씀이가 느껴지기도 한다. 눈에 보이는 것을 중요시하는지 마음 편안한 것을 중요시하는지.

'피톤치드'란? 숲 속 식물들이 만들어내는 모든 살균성 물질. 사람들이 삼림욕을 즐기는 것은 이 피톤치드 때문.

인간 욕망을 부추기는 인체의 신비

2005년 가난한 시골 소년이 한국 최고의 과학자에서 세계적 과학자로 부상하는 성공 드라마가 전 국민의 마음을 사로잡은 일이 있다. 그리고 곧 그 과학자는 '거짓말' 논란에 휩싸여 그를 숭배하던 모든 이들을 심리적 공황상태에 빠뜨리기도 했으니, 그의 이름은 황우석 박사. 당시 온 국민에게 각인된 기적의 치료술 '배아줄기세포'는 지금까지도 뜨거운 관심을 받고 있는데, 이건 도대체 어디서 나온 것일까?

배아줄기세포라 하면 쉽게 말해서 배아에서 볼 수 있는 작은 세포, 즉 아기(태아)가 되기 전 매우 작은 세포를 말한다. 여기서 배아란 난자와 정자가 만나서 합쳐진 세포. 그러니까 이 세포가 자라 아기가 되므로, 이 작은 세포 하나하나들이 나중에는 장기로 바뀌는 것. 모든 장기(폐, 심장, 뇌 등)는 이 작은 세포에서부터 여러 갈래로 분포되어 생성되므로 '줄기세포'라고 부르고, 또 이것이 배아에 있는 줄기세포이므로 '배아줄기세포'라고 부르는 것.

그런데 만약 이러한 배아줄기세포를 마음대로 조절해서 새로운 장기를 만들어낼 수 있다면? 그래서 사람들이 흥분하는 것이고, 황우석 박사가 숭배받았던 것. 만일 그렇다면 수많은 불치병들을 쉽게 치료할 수 있을 텐데.

현재까지도 이 연구는 진행 중에 있고, 사실상 세계의 난치병 환자들은 이 연구가 성공해 기증자가 없이도 원하는 장기를 얻을 수 있기를 손꼽아 기다리는 실정. 하지만 이 연구에 대한 부정적 여론도 만만치 않다. 장차 태아로 자랄 수 있는 엄연한 생명의 씨앗인 인간 '배아'를 가지고 실험한다는 것은 생명 자체를 희롱하는 일로 '살인행위나 마찬가지'라는 것. 배아줄기세포를 만들기 위해선 충분한 양의 난자를 확보해야 하는데 이로써 자칫 여성들이 생물학적 도구로 전락할 소지가 농후한 것.

이러한 생명윤리 문제에 대한 치열한 논쟁을 뒤로하고 황우석 박사를 비롯한 세계 일부 과학자들은 여전히 연구를 계속하고 있다. 무엇이 옳은 것일까?

한 가지 더

DNA 구조상 인간과 바나나는 약 60%가 비슷. 인간과 쥐는 약 97%가, 인간과 침팬지는 약 98%가 비슷하다.

내 생애 꼭 해보고 싶은 것들

버킷리스트란 '죽기 전에, 살아 있는 동안 꼭 해보고 싶은 것들'을 적은 목록을 말한다. '버킷'엔 '죽음'이 담겨 있으니, 중세 영국에서 목매 자살할 때 올라섰던 디딤대가 버킷이었던 것. 'Kick the bucket'은 지금도 '자살하다'라는 관용구로 쓰인다. 요즘 버킷리스트를 갖는 것이 유행처럼 되었는데, 이것은 할리우드 스타 잭 니컬슨과 모건 프리먼, 이 두 노장이 출연한 영화 〈버킷리스트〉 덕분이다.

영화는 죽음을 목전에 둔 한 병실 두 환자의 좌충우돌 '생애 마지막 여행기'인데, 이들은 얼마 남지 않은 시간 동안 '하고 싶던 일'을 다 해야겠다고 의기투합해, '버킷리스트'를 실행하기 위해 병원을 뛰쳐나가 여행길에 오른다. 이들의 버킷리스트는 세렝게티 초원에서 사냥하기, 문신하기, 카레이싱과 스카이다이빙, 눈물 날 때까지 웃어보기, 가장 아름다운 소녀와 키스하기, 화장한 재를 깡통에 담아 경관 좋은 곳에 두기 등등. 애초에 별 생각 없이 돈이나 써야겠다고 해서 시작된 이들의 여행은 결국 깊은 '행복감'을 맛보는 것으로 끝이 난다.

얼마 전 취업포털 잡코리아가 국내외 기업에 재직 중인 20~30대 남녀 직장인을 대상으로 '버킷리스트 존재 유무'에 관해 조사한 결과 이들 10명 중 7명은 자신만의 버킷리스트를 가지고 있는 것으로 조사됐다. 이들 직장인들이 죽기 전에 꼭 해보고 싶은 일, 그 영광의 1위는 무엇일까? 바로 '세계 일주'였다고. 그다음은 열정적인 사랑, 부모님께 효도하기, 제2외국어 마스터하기 순이었다는데.

많은 사람들의 버킷리스트 1위는 왜 여행일까? 집 떠나면 고생인 걸 알면서도 왜 우린 떠나지 못해 안달하는 걸까? 낯선 여행을 통해 우리는 '나'와 '나의 삶'을 객관화시키는 능력을 얻게 되는 것. 그러고 나면 돌아온 이후 나의 일상은 그전과는 다른, 또렷한 실체감을 얻는 것이다. 그러니까 좀 더 살 만해진다는 것.

영화 〈버킷리스트〉에서 주인공들은 버킷리스크를 실천해가면서 애초의 목표였던 '쾌락'이 아닌 '위대한 자각'을 갖게 된다. 그것은 바로 화해와 용서, 모두 다 사랑하리라는 것.

덴마크의 사상가 키르케고르가 말한 '죽음에 이르는 병'이란? 그것은 바로 '절망'이다.

최상위 싱글 여성은 황금이라 불린다

싱글, 노처녀, 골드미스. 결국 같은 뜻이다. 그런데 느낌은 조금씩 다르다. 싱글이 중립적 개념이라면 노처녀는 왠지 게으른 여성 같고, 골드미스는 어쩐지 풍요한 환경에 자유로운 여성 같다.

골드미스는 한국 사회에서 노처녀를 의미하는 말로 오랫동안 사용되어온 '올드미스'에서 파생된 것으로 추측되는데, 30대 이상 40대 미만의 미혼여성 중 높은 학력과 경제적 능력을 갖춘 여성을 일컫는다. 이 신조어는 미혼 직장여성층을 공략하기 위한 기업들의 마케팅 전략에서 일반 대중에게 유포되었을 듯. 이 말이 유행하면서 '골드미스'라는 프린세스 마케팅이 성행하게 된 것이다.

고소득이 가능한 전문직 혹은 대기업 사원이 주류인 골드미스는 자기 성취욕이 높은 만큼 자기 자신에게 아낌없이 투자한다. 명품 쇼핑과 우아한 해외여행을 즐기는 골드미스들에게 연애나 결혼은 인생의 우선순위가 아니거나 혹은 제일 마지막에 위치하는 것. 골

|다섯째 어휘군|
세상을 이해하는 포용의 가치 코드

드미스들이 새로운 소비 트렌드를 선도하는 경제적 실세로 떠오르면서 이들을 곱지 않은 시선으로 보는 사람들도 있지만, 속된 표현의 '된장녀'가 남자의 조건에 기대어 능력이 따라주지 않는 사치스런 소비적 삶을 추구하는 여성이라면 골드미스는 자아실현을 위해 자신이 누릴 것을 스스로 성취해나가는 능력 있는 여성이라는 점에서 분명한 차이가 있다.

우리 사회에 새로운 삶의 유형으로 등장한 골드미스는 "결혼과 출산, 육아와 내조로 이어지는 여성의 삶에 관한 기존 틀을 깨뜨리고, 자신의 본질과 삶을 찾는 멋진 여성 신드롬 혹은 하나의 문화"로 자리 잡았으며, 선택받기보다는 내 삶과 내 남자를 스스로 선택하겠다는 의지를 지닌 새로운 여성상을 제시했다는 점에서 긍정적으로 평가받기도.

그런데 사실상 골드미스란 같은 연령대의 싱글여성 중 상위 10%에 드는 일부 특권층이기도 하다. 이들의 자유로운 삶은 결국 '돈' 중심의 사회가 만든 하나의 그림자는 아닐는지. 또한 내면 깊숙한 곳에서는 최고의 '결혼'을 갈구하는 골드미스의 이중성은 스스로 극복해야 할 문제일 듯.

한 가지 더

'실버미스'란? 골드미스와 비교해 여러 가지 조건이 못 미치는 미혼 커리어우먼을 일컫는 말.

'나'를 드러내는 새로운 삶의 양식

'나'를 국가 단위급 무리로 호칭하는 표현은 참으로 다양하다. 국민, 대중, 민중 등. 그 위에 더욱 진화된 개념이 '다중'이다. 이것은 안토니오 네그리라는 이탈리아 사상가가 주창한 개념. 네그리는 급진적 반자본주의 해방운동인 '아우토노미아(자율)' 운동의 창설자이자 주도자다. 그는 21세기 전 지구적 자본주의 체제와 그 내용을 자신만의 독자 이론으로 설명한 저서 《제국》(2000)과 《다중》(2004)으로 전 세계적 지식인으로 등극한 인물.

그렇다면 다중이란 무엇인가? 특이성을 보존하면서 소통을 통해 공통성을 만들어가는 능동적 주체를 말한다. 서로 다른 문화, 인종, 종족, 젠더, 성적 취향 및 상이한 노동형태와 생활방식, 세계관, 욕망 등과 같은 무수한 내적 차이들로 이루어져 결코 어떤 정체성을 확립할 수 없는 무리지만, 하나의 사안에 공감한다면 서로 간 차이의 특이성을 인정한 채 강제성 없이 서로의 이해관계가 합쳐져 조직을 이루는 사람들. 표현이 좀 딱딱한가?

생각해보자. 지난 2008년 촛불집회를. 그곳에 모인 사람들은 모두 단일한 목적의식과 정체성을 갖고 참여한 것이 아니었다. 학생부터 유모차를 앞세운 젊은 엄마들까지 자신들만의 목적을 갖고 모였고 선동가나 지도자가 존재하지 않았다. 이들에게 부여된 새로운 호칭이 '다중'이다. 다음은 최근 네그리를 인터뷰한 내용이다.

"1970~80년대의 민주화나 몇 년 전 미국산 쇠고기 수입 반대 촛불시위에서 볼 수 있듯 한국은 계급이나 성별이라는 집단적 구분이 불가능한 '다중'이라는 현상이 가잘 잘 나타나는 국가다. 다중은 독자적이면서 다른 사람들이 함께 모여 있는 것. 다중 속에서는 한 사람 한 사람이 어떤 사람이냐 하는 문제는 중요하지 않다. 다만 이해관계가 합쳐지는 것이다."

현대사회에서 모든 개인은 개성이나 정체성을 중시하며 소속감과 계몽성을 거부하지 않는가. 이러한 혼잡한 사회에서 모든 조직이 반드시 규율과 통제가 있어야만 존립할 수 있을까? 다중은 더욱더 세분화된 계층들이 이루어나가는 고도의 자본주의 사회에서 이제 더욱더 의미심장한 주체로 등장할 것이다.

한 가지 더

'다중지성'이란? 집단지성이라는 뜻으로 사회 이슈에 따라 무리를 지어 합리적으로 반응하는 대중을 말함.

행복을 향해 '온 마음' 기울이기

천재 물리학자 아인슈타인 하면 떠오르는 표정이 있지 않은가? 나이 든 할아버지 모습이지만 어린아이 같은 익살스러움이 가득 담긴 얼굴 표정. 그의 천재성은 이런 표정을 가질 수 있는 그의 낙천적 기질이 만들어낸 건 아니었을까?

긍정심리학이라고 하면 인간 마음의 밝은 면을 규명해서 북돋우려는 심리학의 한 분야를 말한다. 지난 세기까지의 심리학은 지그문트 프로이트를 대표로 해서 인간 마음의 부정적인 면에만 몰입한 경향이 있었는데, 이를 반성하는 선두주자로서 미국 심리학자 마틴 셀리그먼은 행복의 실체를 찾는 새로운 심리학을 '긍정심리학'이라고 명명했다.

긍정심리학에 따르면 행복한 삶은 우선 '즐거운 삶'이다. 즐거워야 긍정적인 경험을 더 자주하고 따라서 행복해질 수 있는 것. 그런데 사실상 즐거움을 경험할 수 있는 능력은 상당 부분 유전적이다. 좀 억울하지만 타고나길 즐겁게 타고나야 행복도 쉽게 느끼는 법이다. 또 익숙해진 즐거움은 금세 새로운 즐거움으로 바뀌어야 즐거움의 강도가 유지되나니, 똑같은 경험의 반복은 더 이상 즐겁지 않은 것. 그리고 행복해지려면 '몰입하는 삶'을 살아야 한다. 몰입은 단순히 즐거운 것으로 끝나는 것이 아니라 나름대로의 결과물을 생산해내 삶을 더욱 좋은 방향으로 나아갈 수 있게 한다. 몰입이론을 주창한 칙센트 미하이 교수에 따르면 몰입하는 삶이야말로 행복함을 넘어 훌륭한 삶이 된다.

그리고 무엇보다 진정으로 행복해지려면 '의미 있는 삶'을 살아야 한다. 그렇다면 의미 있는 삶이란 무엇인가? 내가 가진 것을 나누는 삶이다. 남을 위해 살아본 경험이 없는 사람의 인생은 늘 공허할 뿐. 남을 위한 배려와 희생으로 스스로를 대견하게 여기는 느낌, 즉 '보람'이 주는 행복감은 가장 절정의 행복감이다. 물론 이때 진짜 행복하려면 주는 것 자체로 만족하는 선행이어야지, 받을 것을 기대하는 선행은 오히려 고통을 준다는 점을 이해해야 한다.

결론적으로 행복은 누군가가 내게 배달해주는 특별선물이 아니라 나 스스로가 만들어내야만 마음에 담을 수 있는 것. 행복은 노력하는 자의 것이다.

한 가지 더

아인슈타인의 뇌는 현재 프린스턴 병원에 보관중인데, 그의 뇌는 보통사람들 크기보다 작지만 수학능력 관련 부분 밀도가 훨씬 높다고.

하이브리드

모든 것의 창조적 결합, 그 위대한 승승장구

하이브리드 자동차에서 하이브리드 카메라, 하이브리드 카드까지 온갖 상품 광고에 '하이브리드'가 넘쳐나고 있다. 이들 상품은 어떤 가치를 외치고 싶은 걸까? '하이브리드'란 원래 이질적인 요소가 서로 섞인 것으로 이종(□□), 혼합, 혼성, 혼혈이라는 의미를 지닌다. 보다 넓은 의미로는 서로 다른 것을 결합해 부가가치를 높인 새로운 무엇인가를 창조하는 통합 코드를 말한다. 휴대폰에 통화 기능과는 전혀 상관없을 것 같은 카메라 기능 등을 부여해 휴대폰 가치를 올리는 것과 같은 이치다.

예를 들어보자. 먼저 '하이브리드 자동차'란 무엇일까? 연비절약 자동차를 말한다. 차가 서 있을 때 엔진을 자동으로 정지시키기도 하고 감속할 때나 또는 내리막길에서의 운동에너지를 발전기를 통해 전기에너지로 바꿔 저장했다가 엔진에 큰 힘이 필요할 때 모터로 엔진을 도와 차를 움직이는 데 협력함으로써 연료를 절약하게 만

든 자동차다.

그리고 '하이브리드 자전거'라 하면 MTB라고 하는 험난한 산에서 타는 튼튼하고 탄력 있는 산악자전거의 특성과 속도를 내기 좋은 일반 로드자전거의 장점을 적절히 접목해 제작된 자전거를 말한다. 험한 길도 달릴 수 있는 안정적이고 속도 빠른 자전거라니 놀랍지 않은가.

이러한 신기술을 의미하는 '하이브리드'는 또한 다양성과 다원성으로 해석되기도 한다. 자신과는 전혀 다른 의견까지를 포함한 사회의 다양한 목소리를 포용, 통합하는 하이브리드적 접근방식이 최근 정치·사회적 통합 코드로 관심을 모으고 있는 것이다.

이것은 지식대통합이란 측면에서 우리 사회에 큰 반향을 불러일으키고 있는 용어 '통섭'과도 일맥상통한다. 이때의 통섭이란 각각의 학문이 자기 울타리를 벗어나 수평적이고 대등한 관계에서 서로 융합하는 것을 말한다. 지리학자가 지리적 시각으로 그림을 논하고, 건축학자가 건축적 안목으로 음악을 논할 수 있는 것이다.

여기서 의미지평을 더욱 확장한다면 '하이브리드적 사고'란 편견 없는 사고를 말한다고 볼 수도 있겠다. 모든 가능성을 말함이다.

한 가지 더

'하이브리드 카드'란? 신용카드와 체크카드 기능을 혼합한 신종 카드.

229

첨단기술 수용을 거부하는 반기계운동

참으로 순진하면서도 너무도 과격한 저항, 그것이 '러다이트'다. 1811~1817년 영국 중부·북부의 직물공업지대에서 일어났던 기계파괴운동이 러다이트운동. 정체불명의 지도자 러드라는 인물이 지도해 전개되었기 때문에 이렇게 불렸다. 사실상 러드라는 지도자는 실제로 존재한 인물이 아니고 비밀조직에서 만들어낸 가공의 인물.

왜 이런 일이 생긴 것일까? 산업혁명이 진행 중이던 당시에는 직물공업에도 기계가 보급되어가는 한편 나폴레옹전쟁 영향으로 경제는 불황에 빠져 고용감소와 실업자 증가, 임금 체불 등이 만연했으며, 거기에다 물가는 나날이 올랐으니, 이로 인한 노동자들의 고통은 이전에 비해 엄청났다. 이들이 자신들의 실업과 생활고의 원인을 기계 탓으로 돌리고 기계파괴운동을 일으켰던 것.

비밀결사 형식을 취한 이 운동은 치안당국에서도 그 실태를 파악하지 못할 정도로 일반에게는 신비하게 보였는데, 기술에 반대해 기계를 파괴하는 행위란 흡사 풍차에 결투를 신청하는 돈키호테 식의 무모한 열정과도 같지 않은가. 물론 이 운동은 주동자들을 처벌함으로써 크게 확대되지 않고 막을 내렸다.

그리고 오늘날 러다이트가 다시 등장했다. 바로 네오러다이트. 오늘날 러다이트운동은 기계가 노동자를 내쫓는 상황에서 기계에 반대하는 상징적 의미를 갖는다. 200여 년 전의 러다이트운동은 무모한 열정으로 끝났지만, 분노한 '러드'는 여전히 존재하고 그 문제의식만큼은 여전히 살아 있는 것.

네오러다이트를 주장하는 사람들은 기계문명이 인간 삶을 황폐하게 한다고 믿었듯이 첨단기술이 인류 미래를 위협할 것으로 여긴다. 네오러다이트는 인간 정신을 도외시한 채 물질문명만을 중시하는 현대문명 흐름에 대한 일종의 경고장처럼 운용되는데, 첨단기술에 대한 무조건적 외면이라는 극단적 형태부터 다양한 스펙트럼을 가지고 인류 진보를 논의하고 있는 중.

한 가지 더

차티스트운동이란? 1838~1848년 노동자층을 주체로 전개된 영국의 민중운동. 성인 남녀의 참정권 획득이 목표.

천재의 창조성이
음악을 타고 내게로?

1993년 미국 캘리포

니아대학교의 라우셔 교수팀은 모차르트의 〈두 대의 피아노를 위한 소나타 D장조〉를 들은 대학생들이 다른 학생들보다 더 높은 점수를 획득했다고 발표하면서 모차르트효과를 제기했다. 그리고 발표 다음날 음반가게에서 모차르트 음반은 동이 났다. 이후 모차르트효과는 특히 어렸을 때 두드러진다고 해서 클래식음악 듣기가 태교의 필수 항목으로 떠오르기도 했는데.

　모차르트 음악을 들으면 머리가 좋아진다는 것이 모차르트효과. 과연 사실일까? 왜 굳이 모차르트일까? 베토벤효과나 바흐효과는 없는데 말이다.

　모차르트 음악은 다른 음악가들 작품처럼 계산적이거나 격정적이지 않고 순수하고 단순하면서도 투명해 다른 작곡가들 작품과 비교할 때 뇌에서 창조력과 관련된 부위를 더욱 강력하게 자극한다는 것이 이 이론의 논거다. 그러나 이를 무시하는 쪽에서는 모차르트

효과가 단순한 정서적 각성에 지나지 않으며, 다만 음악이란 것이 사람 기분을 고양시키는 까닭에 이를 머리가 좋아지는 것으로 착각할 뿐이라는 것. 실제로 이후 고전음악을 들은 뒤 기분이 좋아졌다는 일반적인 느낌 외에 지능이 좋아졌다는 증거는 없다는 실험 결과가 발표되기도 했는데.

물론 효과를 주장하는 쪽의 연구결과는 끊임없이 이어지고 있다. 모차르트 〈소나타 D장조〉를 오래 들은 쥐들이 듣지 않은 쥐보다 미로를 더 잘 통과한다거나 간질 환자에게 고통을 줄여준다거나 하는.

그런데 모름지기 음악이란 듣는 당사자에게 편안해야 효과가 있는 법. 대부분의 사람에겐 모차르트 음악이 보편적으로 편안한 느낌을 주기에 태교에도 좋고 지능발달에도 효과를 볼 수 있겠지만, 록음악이나 기타 음악을 좋아하는 사람에겐 자신이 좋아하는 음악이 더욱 효과가 있는 것 아닐까? 귀에 거슬리는 모차르트는 스트레스일 수도.

한 가지 더

핀볼효과란? 언뜻 사소해 보이는 발견이나 사건들의 우연한 연쇄가 모여 세상을 변혁할 만한 결과로 나타나는 현상.

한 번에 모든 것을 설명하는 일, 가능할까?

'우리의 소원은 통일'은 우리 민족의 염원이 담긴 노래. 그런데 이론물리학자들도 이런저런 이론들을 단 하나의 원리로 깔끔하게 설명할 수 있는 이론의 통일을 원한다. 그것이 바로 '통일장이론'. 그럼 우선 물리학계의 이런저런 이론이란 무엇인가?

현대물리학의 두 기둥은 양자역학과 일반상대성이론이다. 양자역학은 20세기 초 덴마크의 입자물리학자들을 중심으로 발달된 이론으로 원자 이하의 수준인 극히 미세한 영역의 운동을 설명하는 이론인 반면 일반상대성이론은 아인슈타인이 정립한 이론으로 별이나 은하와 같은 거대한 물체에 적용되는 이론. 이러한 두 가지 이론과 모든 물리학의 상황을 간명하면서도 폼나는 이론 하나로 통일하고자 한 것이 통일장이론. 시작은 아인슈타인이었다.

중력, 전자기력, 강한 핵력, 약한 핵력, 이것은 지금까지 규명된 4가지 힘의 종류다. 과학자들은 이 힘의 원리를 통일장이론을 통해 하나의 통일된 개념으로 기술하고자 했던 것. 이러한 통일적 해석은 이미 뉴턴의 시기부터 있었으니 뉴턴은 태양계 운동과 지상의 물체 운동을 하나의 통합된 관점에서 설명하기 위해 중력(만유인력)을 만들었다. 그리고 뉴턴 이후 1870년대에 맥스웰은 '맥스웰 방정식'을 통해 자기현상과 전기현상을 전자기장 텐서(tensor)라는 하나의 이론으로 설명했다. 그리고 아인슈타인을 포함한 과학자들은 전자기 현상과 중력 현상을 포괄하는 새로운 이론인 통일장이론 연구에 매진했던 것.

하지만 아인슈타인은 결국 성과 없이 생을 마감했고 이후 많은 과학자들이 이 통일장이론을 연구했지만 모두 실패했다. 그리고 현재까지 완성된 통일장이론은 나오지 않은 상태.

최근에 이뤄지는 시도 중 가장 그럴듯한 이론은 '끈' 이론과 '막' 이론. 소립자들을 끈의 진동이나 막으로 바라보려는 것이다. 이것은 고차원에서 중력과 양자론을 결합하려는 시도로서 '만물의 이론' 이라고도 불린다. 아무튼 모든 것을 조화롭게 단순화하려는 물리학자들의 이 지극한 노력은 언제쯤 완성될 것인지.

한 가지 더

'초끈이론' 이란? 우주를 구성하는 최소 단위를 '끊임없이 진동하는 끈'으로 보고 우주와 자연의 궁극적인 원리를 밝히려는 이론.

21세기를 움직이는 새로운 생명가치

환경운동과 여성운동이 만나 새로운 가치를 만들었으니, 그것이 생태여성주의다. 현대의 환경위기는 인간에 의한 자연지배에서 기인할 뿐만 아니라 남성에 의한 여성지배로써 강화되고 촉진되었기 때문에 인간과 자연의 조화와 공생을 주장하는 생태주의는 여성주의와 결합되어야 한다는 사상적 입장. 즉 생태여성주의는 사회에서 억압적 위치에 있는 여성의 지위와 인간에게 억압적 대상으로 존재하는 자연의 위치가 서로 같다고 보는 것. 서로 억압을 받는 동변상련 입장에서 연대해 여성해방과 자연해방을 동시에 추구한다.

1974년 프랑스의 프랑수아 드본이 처음 사용한 이후 여성운동, 평화운동, 환경운동 등에서 널리 주창되는 이 에코페미니즘은 사실상 귀에 걸면 귀걸이 코에 걸면 코걸이 식으로 '여성', '평화', '환경' 등에서 다양한 입장을 가지고 있는데, 아마도 환경문제에 접근하는 하나의 새로운 방법론으로 보는 것이 가장 무난할 듯.

　　그렇다면 현재의 생태적 위기를 극복하기 위해서는 어찌해야 하는가? 지배가 있으면 파괴가 있는 법. 따라서 무엇보다 사회적 위계를 없애는 사회변혁이 있어야 한다. 그리고 이원론적 사고방식 즉 남자 여자, 인간 자연 등의 차별을 없애야 한다. 남성이 곧 문명이고 여성이 자연이라고 볼 수 있지만, 남성과 인간문명을 타도 대상으로 여기지 않고 남성과 여성, 자연과 인간문명은 처음부터 하나였다고 보고, 이들의 어울림과 균형을 통해 모든 생명체의 통합을 추구해야 한다. 인간에게 자연은 결코 수단이 아닌 고유한 가치를 지닌 목적인 것.

　　21세기를 살릴 철학 이론으로 에코페미니즘을 꼽는 생태신학자 현경 교수(유니온신학대)는 에코페미니즘을 통해 "정글이 아닌 백만 송이가 각각 아름답게 꽃피는 정원을 지향해 차이를 존중하고 공존을 배울 것"을 설파하기도 했다.

　　아무려나, 하루속히 무엇이 다른 무엇을 차별하고 억압하는 사회는 더 이상 공감받기 힘든 세상이 와야 하지 않을까?

😊 **한 가지 더**

생태의학이란? 인간 건강 문제를 해결하는 최선의 방법을 지구 건강 즉 환경문제와 결부시키는 의학. 지구가 건강해야 내가 건강하다는 것.

인간은 '죽을 권리'를 가질 수 있는가

〈청원〉이란 인도 영화가 있다. 세계 최고의 마술사였던 주인공이 마술쇼 도중 사고로 신경이 손상 돼 전신이 마비되자, 안락사를 법으로 금지한 국가를 상대로 안락사 권리를 법적으로 청원하는 이야기. 회복 불가능한 환자에게 생명을 지속시켜주는 것이 옳은가, 아니면 품위 있게 죽음을 맞도록 해주는 것이 옳은가. 어느 쪽을 선택해야 하는지를 묻는 것이 안락사 논쟁이다. 안락사의 사전적 정의는 이렇다. "절대 회복될 가망이 없는 병자를 본인 희망에 따라 고통이 적은 방법으로 인공적으로 죽음에 이르게 하는 방법."

인간에게는 스스로 죽음을 선택할 권리가 있는가? 이것은 종교적, 윤리적, 철학적으로 매우 오래된 질문이다. 일반적인 자살과 달리 생명을 유지하는 것이 너무도 어려운 상황에 놓인 환자들의 경우 편하게 죽을 수 있는 '안락사' 권리를 인정할 것이냐의 문제는 많은 나라에서 아직도 논쟁이 진행 중인 것. 안락사는 어디까지를 병자의 죽음의 시기로 볼 것인가, 살아갈 가치가 없는 생명이란 있을 수 있는가 등의 복잡한 문제를 야기하기 때문이다.

안락사는 환자의 자기결정권 반영 여부에 따라 자의적 안락사와 타의적 안락사로 구분되고, 시행자 관점에서 소극적 안락사와 적극적 안락사로 구분된다. 소극적 안락사는 의사가 회복 불가능한 환자의 생명유지 의무를 소극적으로 행하는 것으로 존엄사와 동일시된다. 그리고 적극적 안락사는 예로부터 종교·도덕·법률 등의 입장에서 논쟁해왔던 것으로 병자의 생명을 적극적으로 끊음으로써 그를 고통으로부터 해방시켜주는 것.

사실상의 안락사 논쟁은 소극적 안락사 허용 여부로 귀착되는데, 이를 반대하는 입장에서는 생명의 존엄성을 강조하는 반면, 찬성하는 입장에서는 단순한 생명연장보다는 삶의 질이 중요하므로 환자의 존엄성 유지 차원에서 필요하다는 것. 또한 회복불능 환자의 생명유지에 드는 경제적 정신적 비용이 비현실적이라는 것.

과연 '죽을 권리'는 '무엇'으로부터 생기는 것일까?

😊 **한 가지 더**

현재 안락사를 허용하는 국가는 스위스와 네덜란드, 룩셈부르크, 벨기에, 미국 오리건 주 등. 유럽 국가들의 말기암 환자들은 스위스로 안락사 여행을 떠나기도 한다.

사람보다 영리할 수 있는 인간형 로봇

현재 로봇은 인간과는 비교할 수 없는 광속도로 진화하고 있다. 로봇공학의 궁극적 목표는 인간을 닮은 로봇, 곧 인간형 로봇 '휴머노이드'를 개발해 인간을 대신하거나 인간과 협력해 다양한 서비스를 제공하는 것. 2000년부터 본격적으로 모습을 드러낸 휴머노이드의 진화는 놀랍기만 하다.

2000년 일본 자동차회사인 혼다가 개발한 아시모(ASIMO)는 키 160cm에 무게 130kg의 우주비행사처럼 생긴 로봇으로 두 발로 걷고 문을 여닫으며 층계를 오르내린다. 조금 더 진화해서는 춤까지 줄줄 안다. 그리고 곧이어 등장한 애완로봇은 사람 목소리를 알아듣고 체조도 하며 허리 굽혀 인사도 한다. 최근에는 이러한 애완로봇이 실제 애완동물을 대체해 일본사람들에게 인기라는데.

한국의 대표적 휴머노이드는 휴보(HUBO)로, 2004년 12월 한국과학기술원 오준호 교수팀이 개발한 로봇. 키 120cm, 무게 55kg으로 외부 소리와 사물을 인지할 수 있어 장애물을 피해 걸어다니고 가위

 |다섯째 어휘군|
세상을 이해하는 포용의 가치 코드

바위보를 할 수 있을 정도로 다섯 손가락을 독립적으로 움직이며, 가벼운 춤까지 출 정도로 부드러운 동작을 구현한다.

세계 최대 로봇축제인 '로보월드 2011'에서 선보인 휴머노이드를 보면, 로봇이 화재지역을 포착해 물을 뿌리고 도시를 순찰하고 편지를 전달하며 레스토랑 안내에서 주문·결제까지 도와준다. 극장에서 뮤지컬을 공연하기도 하고 주차된 자동차가 갑자기 로봇으로 변신하기도 한다. 그야말로 로봇의 진화와 변신은 일취월장 수준. 많은 로봇공학 전문가들 예측에 따르면, 21세기 후반이 되면 사람보다 영리한 휴머노이드, 로보사피엔스가 지구를 누비게 될 것이라고 한다.

그런데 과연 로봇이 사람보다 영리할 수 있을까? 컴퓨터와 인간 육체를 합성한 인조인간을 뜻하는 사이보그 또한 현실이 될 수 있을까? 지나친 인간편의주의는 결국 인간을 자신이 창조한 매트릭스 안에 가둬버리는 것은 아닐까?

영화 〈매트릭스〉는 미래세계를 배경으로 두뇌 속의 기억을 조작해 인간을 지배하려는 컴퓨터와 이에 대항하는 인간들 간의 대결을 그린 작품.

땅도 살고 사람도 사는 농업

농약과 화학비료 등의 합성화학물질은 생태계 파괴의 주범이다. 그런데 이 주범을 이용해 농사를 짓는다면, 그 오염된 환경에서 자란 먹거리는 과연 사람에게 어떤 영향을 미칠까? 이런 고민에서 출발해 일체의 합성화학 물질을 사용하지 않거나 줄이고 유기물과 자연광석, 미생물 등 자연적인 자재만을 사용하는 농업이 유기농업이다.

그런데 농약 등을 쓰지 않고도 농사가 가능한 것일까? 유기농법은 퇴비와 외양간두엄 등 유기물을 주 비료로 사용하며 토양의 활력이 회복되면 작물 자체에 병충해에 대한 저항력이 자연적으로 생기게 된다는 이치를 따른다. 철저히 자연을 믿고 존중하는 것. 우리나라의 경우 1980년대 말부터 유기농업에 대한 관심이 일기 시작해 사단법인체인 '한살림'과 '가톨릭농민회' 등을 중심으로 도시에서도 유기농산물을 보급하고 있다.

그렇다면 왜 유기농법이어야 하는가? 이에 대한 가장 큰 이유는 역시 환경오염 방지다. 농약과 화학비료를 쓰지 않는 농가가 늘어나야 환경이 덜 오염되는 것. 그리고 이런 안심 먹거리를 먹어야 사람도 건강해진다는 것. 농약과 화학첨가물이 다량 함유된 먹거리를 과다 섭취하면 사람의 성정 자체가 포악해지고 질병에도 쉽게 노출된다는 것이 유기농업 지지자들의 주장이다. 그러나 아직까지 유기농산물이 다른 일반농산물보다 건강에 유익하다는 주장이 과학적으로 입증된 바는 없다. 또한 유기농업으로 농사를 지으면 일반농업보다 관리도 힘들고 산출량도 적어 농민들이 꺼린다는 것이 여전한 상식이다.

하지만 조금만 미래지향적으로 생각한다면, 땅을 살리는 농업이 사람도 살릴 것이라는 사실은 명약관화하지 않은가. 유기농법으로 재배하는 농산물 산출량이 조금 적을지라도 그로 인해 기대되는 생태학적 이익을 생각한다면 그러한 손실은 보상받고도 남는 것 아닐까?

결국 대량생산 대량소비 그리고 대량의 음식물쓰레기로 이어지는 무절제보다는 조금 덜 생산하고 조금 덜 먹고 남김없이 먹는 효용의 가치가 우선하는 것 아닐는지.

😊 한 가지 더

황금쌀이란? 기존 쌀에 비타민 A성분을 강화시켜 야맹증 치료 및 식량 부족으로 인한 영양소 결핍 등의 문제를 해결하기 위해 개발된 유전자재조합 식품.

멀티태스킹   multitasking

인간 능력에 대한 절대 신뢰와 무한 착각

한 사람의 사용자가 한 대의 컴퓨터로 두 가지 이상 작업을 동시에 처리하거나, 두 가지 이상 프로그램들을 동시에 실행시키는 것을 말한다. 다중작업이라고도 한다. 초기의 컴퓨터는 처리속도가 느리고 메모리 용량이 작아 사용자가 한 번에 한 가지 작업이나 한 프로그램밖에 처리하지 못했으나 컴퓨터 하드웨어 발달로 처리속도와 메모리 용량이 증대함으로써 여러 작업을 동시에 하는 일, 즉 멀티태스킹이 가능해진 것이다.

이러한 멀티태스킹은 지금 컴퓨터 영역을 떠나 우리 실생활에서 요구되는 하나의 '능력'으로 여겨지는데. 사실 어떤 일을 동시에 한다는 것은 두 가지 경우로 나눠볼 수 있다. 우선 두 가지 다른 형태 일들에 '번갈아' 주의를 기울이면서 하는 것. 엄밀하게 말하면 이것은 동시에 하는 것은 아니고 순차적으로 하는 것이다. 멀티태스킹이라기보다는 스위치태스킹이라고 해야 할 터. 다만 빠르게 두 일 사이를 오가기 때문에 동시에 두 일을 한다는 표현을 쓰는 것뿐이다.

그리고 그야말로 '동시'에 하는 경우다. 예를 들면 운전하면서 대화하기 등. 심리학적으로 살피면 이 두 가지 경우에 멀티태스킹에 관여하는 뇌의 주의 기제가 다르다고 한다. 앞의 '번갈아' 할 때는 '선택적 주의' 기능을 사용하고 뒤의 경우엔 '분할 주의' 기능을 사용한다고. 그리고 선택적 주의로써 어떤 일들을 열심히 하면 나중에는 분할 주의로 진정한 의미의 동시 수행이 가능해진다고도 한다.

요즘 사람들은 여러 가지 일을 함께 하는 것이 효율적이라고 생각한다. 그런데 이것이 바로 '멀티태스킹의 환상'일 뿐이라는 시각도 있다. 미국의 경영전문가 데이비드 크렌쇼는 "두 가지 일을 동시에 하겠다는 것은 아무 일도 하지 않겠다는 것과 같다"고도 말했으며, 《우리는 왜 실수를 하는가》라는 책의 저자 조지프 핼리넌은 멀티태스킹은 '신화'라고 단언한다. 오랜 연습을 거쳐 무의식적으로 할 수 있는 일 말고 인간은 동시에 여러 가지 일을 처리할 수 없다는 것이다. 멀티태스킹 컴퓨터 역시 1초에 수천 번씩 여러 프로세스를 오가며 처리하기에 '동시'에 하는 것처럼 보일 뿐이라고.

멀티태스크와 비교해서 한 번에 하나의 일밖에 할 수 없는 것은? 바로 '싱글태스크'.

새로운 것에 대한 강한 도취와 열망

20세기 이후 나타난 새로운 가치를 추구하는 영적인 운동 및 사회활동을 통틀어 뉴에이지라 하는데, 실체가 명확한 개념은 아니다. 뉴에이지란 이름으로 누군가 단합해 활동하는 것은 아니기 때문. 다만 '뉴에이지'를 표방하는 이들의 공통점을 살핀다면, 유일신 사상을 부정하고 범신론적이며 개인이나 작은 집단의 영적 각성을 추구하는 경향이 있을 뿐.

이러한 뉴에이지의 진원지는 1960년대 미국. 당시 사회적, 정치적으로 불안했던 미국에선 환각제를 복용한 히피족들이 득세했는데, 이들이 환각제 덕분에 체험한 환각이란 것은 구도자들이 오랜 수행 끝에 얻을 수 있는 의식상태였다. 즉 진실로 황홀한 상태. 이렇게 좋은 상태를 경험한 이들은 약물에 의존한 가짜 환각 대신 '진짜'를 찾아 동양으로 눈을 돌렸던 것.

그때 당시 미국에서는 이국적 체취와 기이한 행동으로 시선을 끄는 동양에서 온 신비주의자들이 요가나 초월명상 등의 비술로 미국

젊은이들을 사로잡았고 미국인들은 이 신선한 동양 이방인들을 새로운 스승으로 섬기게 되었다. 뉴에이지는 그렇게 시작된 것.

뉴에이지는 기존 서구식 가치와 문화를 배척하고 종교 · 의학 · 철학 · 천문학 · 환경 · 음악 등의 광범한 영역에서 새로운 발전을 추구하는 일종의 신문화운동이다. 뉴에이지라는 개념의 어원은 점성학에 기반을 둔 것으로 이 운동을 창시한 이들에 따르면, 현대는 새로운 세대(New Age) 즉 물병자리 시대를 맞았다고 한다. 그러므로 새 시대, 뉴에이지를 물병자리 시대, 즉 아쿠아리우스(Aquarius) 시대라고도 부른다. 물병자리 시대는 인간의 정신적 갈증을 충분히 채울 수 있는 물병으로 상징되는 시대로, 인간 영혼이 드디어 제대로 된 자유를 누리게 된다는데.

우리나라에선 1975년 미국의 프리초프 카프라가 쓴 《현대물리학과 동양사상》이란 책이 번역 출판되면서 신과학 열풍이 불어 뉴에이지에 대한 호기심이 들끓기 시작했다. 결국 뉴에이지란 '물질'을 넘어 '영성'의 힘을 믿는 마음의 혁명을 뜻한다.

한 가지 더

뉴에이지 음악이란? 고전음악의 위선성과 대중음악의 경박성을 넘어 자연의 소리를 표현하는 음악장르.

줄 것이 있고 받을 것이 있는 계층

2008년 금융위기 전까지만 해도 '당신은 중산층입니까?'라는 질문에 많은 사람이 쉽게 그렇다고 답했지만, 현재는 고개를 갸웃거리는 사람이 늘었다. 도대체 내가 중산층인지, 서민인지 구분하기가 너무도 애매한 것.

중산층 가구란 경제협력개발기구(OECD) 기준에 따라 가구를 소득순으로 나열했을 때 한가운데에 있는, 가구소득(중위소득)의 50~150% 범위에 속한 가구를 뜻한다. 그리고 중위소득 50% 미만인 가구를 빈곤층으로, 중위소득 150% 이상인 가구를 고소득층으로 분류한다.

그런데 이렇게 말해도 각자의 소득이 성적표처럼 등수가 매겨지는 것도 아니니 여전히 내가 중산층인지를 확신할 수는 없다. 우스갯소리로는 먹고살 만하면 서민, 먹고살 만하고 자식 유학 보낼 돈 있으면 중산층, 대기업이나 중소기업 사장이면서 평생 쓰고 남을 돈이 있으면 상류층이라는데, 어떤가.

이명박 정부에서는 '중산층을 두껍게'가 나름대로 캐치프레이즈

였는데 이러한 정부 다짐과는 달리 현실은 계속 거꾸로 가고 있으니 40·50대 자영업자와 20·30대 비정규직이 중산층에서 빈곤층으로 추락하고 있는 것이 현실이다.

마르크스주의자들은 자본주의사회에서 사회구성원은 자본가계급과 노동자계급으로 양극화되기 때문에 중산층의 몰락을 예견했으나, 현대 사회계급 또는 계층이론가들은 중산층의 비대화현상을 지적했다. 중산층을 하나의 중간계급으로 인정했던 것. 사실상 서구 복지국가의 핵심은 중산층이다.

흔히 복지 하면 빈곤층을 떠올리기 쉽지만 복지국가의 주요 대상은 엄연한 중산층이고 복지국가의 주요 기능 또한 중산층의 생활안정이다. 그리고 복지국가 재정의 주요 부담자도 중산층. 중산층이 복지국가를 통해 무엇을 얻고, 중산층이 복지국가를 위해 무엇을 부담하는가가 복지국가의 핵심이다. 그렇다면 결국 많은 사람들이 중산층으로서의 정체성을 상실해가는 지금의 위기는 복지국가의 위기란 말인가?

문제는 상생이다. 모두가 함께 사는 사회라는 명백한 사실에 온 마음이 사무쳐야 한다. 그러한 연대정신이야말로 위기극복의 열쇠 아니겠는가.

2011년 옥스퍼드 사전은 올해의 단어로 'Squeezed Middle(쪼그라든 중산층)'을 선정했다.

미스터리로 남은 인간 유적지

인간은 우리 삶의 기원이 되는 우주 물질에 대해서도 불과 4% 지식밖에 갖고 있지 못한 것이 현대 과학의 현실. 기실 인간이 알 수 없는 것은 너무 많다. '세계 7대 불가사의'라고 하면 지구상에서 불가사의한 것으로 여겨지는 7가지 사물을 일컫는 말. 굳이 '7'인 것은 크게 의미가 없다. 처음 밝힌 사람(필론)의 취향일 뿐. 아무튼 최초의 7대 불가사의는 BC 330년 무렵 알렉산드로스대왕의 동방원정 이후, 그리스인 여행자에게 관광 대상이었던 유명한 7가지 건축물을 가리킨다. 무엇이었을까?

바로 ① 이집트 기자에 있는 쿠푸왕의 대피라미드 ② 바빌론의 공중정원 ③ 로도스섬의 크로이소스 거상 ④ 올림피아의 제우스 신상 ⑤ 에페수스의 아르테미스 신전 ⑥ 할리카르나소스의 마우솔루스왕 능묘 ⑦ 알렉산드리아의 파로스 등대. 이 중 현재까지 남아 있는 것은 이집트 기자에 있는 쿠푸왕의 대피라미드뿐.

그리고 스위스의 영화제작자 베르나르드 베버가 이끄는 '새로운 세계 7대 불가사의'재단이라는 것이 발족했는데, 이 재단은 지난 2000년 새천년을 기념하기 위해 '세계 7대 불가사의'를 새로 뽑기 위한 인터넷 투표를 실시했다. 고대 그리스의 올림픽이 근대 올림픽으로 재탄생한 것처럼 현존하는 세계 7대 불가사의를 지구촌 주민 다수의 의견을 구해 새로 선정하는 것은 새로운 의미가 있다는 것. 이로써 2007년 7월 7일 신(□)세계 7대 불가사의가 선정 발표되었으니, 그것은 바로 ① 중국의 만리장성 ② 페루 잉카제국의 비밀 공중도시 마추픽추 ③ 브라질의 거대 예수상 ④ 신들의 놀이터로 불리는 멕시코 치첸이차의 마야 유적지 ⑤ 로마시대의 K-1링이라 할 수 있는 로마의 콜로세움 ⑥ 인도의 타지마할 ⑦ 요르단의 고대도시 페트라.

하지만 모름지기 투표란 그 객관성과 공정성에서 늘 문제제기를 받을 수밖에 없는 것. 이번 캠페인 역시 선정 주최와 방식을 두고 끊임없는 논란을 불러일으켰으니, 과학적 고고학적 가치는 무시된 채 민족적 자존심 대결로 변질됐기 때문. 브라질에서는 대통령이 직접 국민들에게 투표 참여를 독려했으며, 중국의 만리장성 학술원도 국민들에게 투표 참여를 촉구한 바 있었다는데.

결국 진짜 미스터리는 인간 마음 아닐는지.

한 가지 더

마지막까지 존중받아야 할 인류 가치

사실상 우주의 나이, 지구의 나이를 인간 수명으로 비유했을 때, 지난 2000여 년의 기간은 고작 몇 초에 불과하다. 그런데 그 짧은 기간 동안 인간이 만들어놓은 환경 변화를 생각하면 인간 욕망의 힘은 실로 대단하다. 무수히 새로운 것들을 생성해내면서 또 더욱 무수히 많은 것들을 파괴시켜왔다. 하지만 인간은 대견하게도 반성하는 면모를 갖는 성찰적 존재이기에 1972년 유네스코 정기총회에 참가한 각국의 대표자와 전문가들은 인류의 소중한 유산이 인간 부주의로 파괴되는 것을 막기 위한 세계유산협약을 제정, 이들 유산을 영구히 지켜내기로 했다. 그나마 얼마나 다행한 일인가.

세계유산은 문화유산과 자연유산 그리고 복합유산 3가지로 구분되며, 이 가운데 특별히 '위험에 처한 세계유산'은 별도 지정된다. 세계유산으로 지정되면 세계유산기금으로부터 기술적·재정적 원조를 받을 수 있다. 그럼, 우리나라의 세계문화유산은 무엇일까?

한국은 석굴암 · 불국사(1995), 해인사 장경판전(1995), 종묘 (1995), 창덕궁(1997), 수원화성(1997), 고창 · 화순 · 강화 고인돌 유 적(2000), 경주 역사유적지구(2000), 조선왕릉(2009), 한국의 역사 마을 하회와 양동(2010) 등 9건이 문화유산으로 지정되었고, 제주 화산섬과 용암동굴(2007) 1건이 자연유산으로 등재되어 있다. 앞으 로 등재 가능성이 있는 것으로는 삼년산성, 공주무령왕릉, 강진 도 요지, 설악산 천연보호구역, 남해안 일대 공룡화석지가 있다. 우리 의 북쪽 지역 북한에서는 2004년 고구려 고분군이 세계문화유산으 로 등재되었다

그런데 한국의 세계문화유산 중 하나, 해인사 팔만대장경은 1951년 한국전쟁 당시 소실될 위기에 처한 일이 있다. 지리산 일대에 대한 공비토벌작전을 이유로 해인사에 폭격 명령이 내려졌던 것. 그러나 당시 출격 명령을 받은 김영환 대령은 폭탄 투하 지점에 팔만대장경 이 있다는 사실을 알게 되자 상부 명령을 거역한 채 기수를 돌렸다 고 한다. 해인사 팔만대장경은 셰익스피어와 인도를 다 주어도 바 꿀 수 없는 보물 중의 보물이라고 생각한 그의 목숨 건 항명이 우리 유산을 지켜낸 것이다.

유네스코란? 교육·과학·문화의 보급 및 교류를 통해 국가 간 협력증진을 목적으로 설립된 국제연합전문기구.

〈찾아보기〉